AF188506

Impressum
Verlag: BABADADA GmbH, Nedderfeld 112 , 22529 Hamburg
Geschäftsführer / Verlagsleitung: Harald Hof
Druck: Books on Demand GmbH, In de Tarpen 42, 22848 Norderstedt

Imprint
Publisher: BABADADA GmbH, Nedderfeld 112 , 22529 Hamburg, Germany
Managing Director / Publishing direction: Harald Hof
Print: Books on Demand GmbH, In de Tarpen 42, 22848 Norderstedt

škola
σχολείο

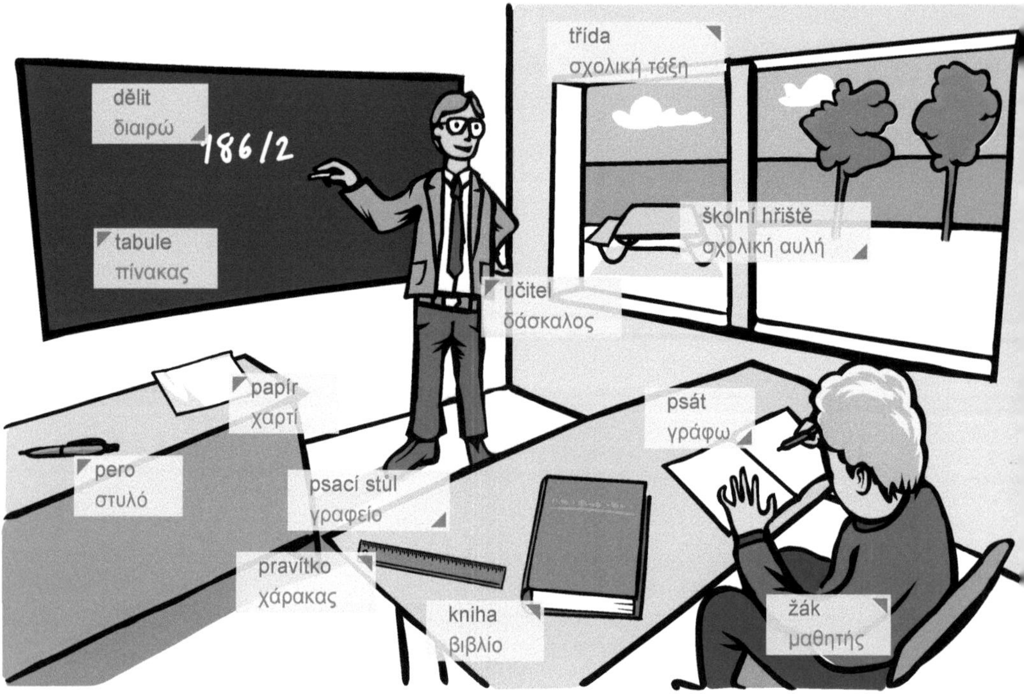
třída
σχολική τάξη
dělit
διαιρώ
186/2
tabule
πίνακας
školní hřiště
σχολική αυλή
učitel
δάσκαλος
papír
χαρτί
psát
γράφω
pero
στυλό
psací stůl
γραφείο
pravítko
χάρακας
kniha
βιβλίο
žák
μαθητής

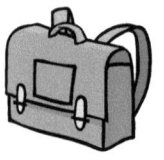

aktovka

σχολική τσάντα

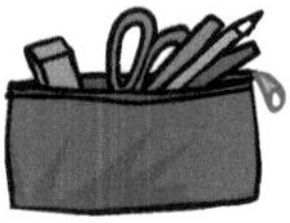

penál

κασετίνα/ μολυβοθήκη

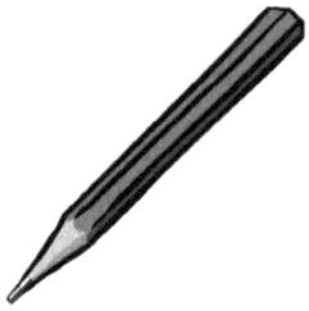

tužka

μολύβι

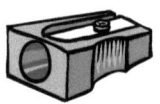

ořezávátko

ξύστρα

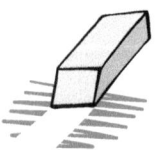

guma

γόμα

blok na kreslení

μπλοκ ζωγραφικής

výkres

ζωγραφική

štětec

πινέλο

malířské potřeby

κουτί χρωμάτων

nůžky

ψαλίδι

lepidlo

κόλλα

cvičebnice

τετράδιο ασκήσεων

domácí úkol

εργασία για το σπίτι

počet

αριθμός

2+2

sčítat

προσθέτω

odčítat

αφαιρώ

násobit

πολλαπλασιάζω

počítat

υπολογίζω

písmeno

γράμμα

abeceda

αλφάβητο

slovo

λέξη

text

κείμενο

číst

διαβάζω

křída

κιμωλία

hodina

μάθημα

třídní kniha

εγγράφομαι

zkouška

τεστ

vysvědčení

πιστοποιητικό

školní uniforma

μαθητική στολή

vzdělání

εκπαίδευση

encyklopedie

εγκυκλοπαίδεια

univerzita

πανεπιστήμιο

mikroskop

μικροσκόπιο

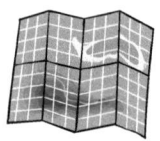

karta

χάρτης

odpadkový koš na papír

καλάθι αχρήστων

škola - σχολείο

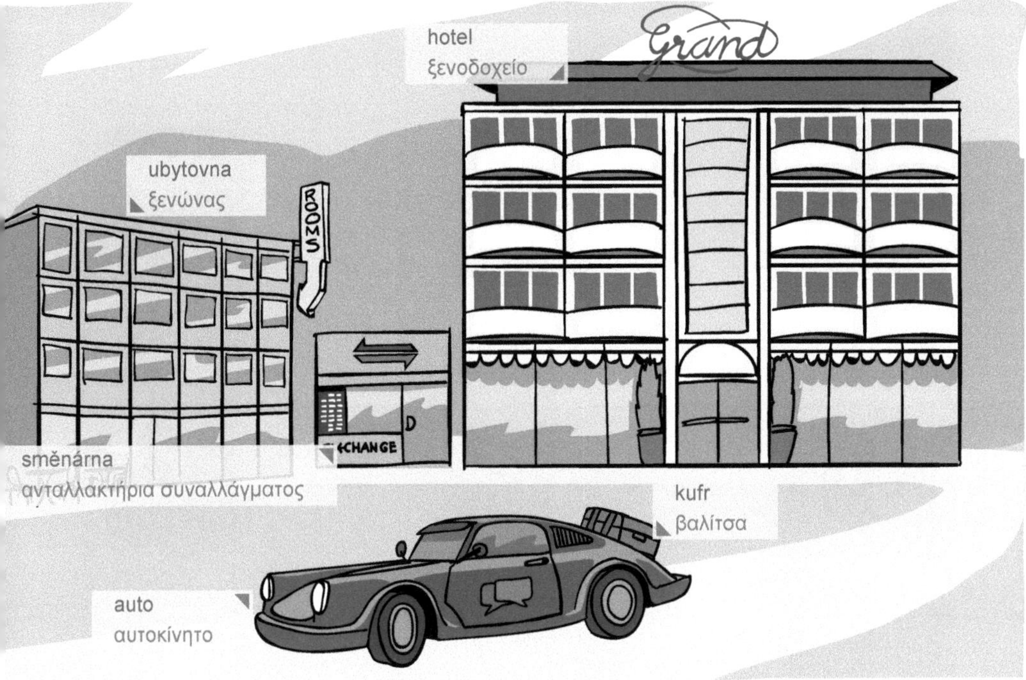

hotel
ξενοδοχείο
Grand
ubytovna
ξενώνας
ROOMS
směnárna
ανταλλακτήρια συναλλάγματος
kufr
βαλίτσα
auto
αυτοκίνητο

jazyk

γλώσσα

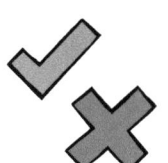

ano / ne

ναι / όχι

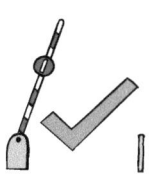

oukej

εντάξει

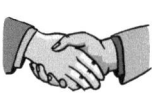

Ahoj!

γεια σου

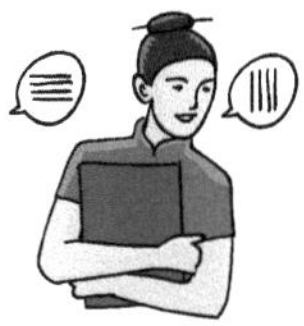

překladatel

μεταφραστής

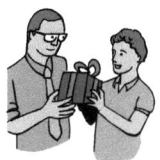

děkuji

Ευχαριστώ

Kolik stojí...?

πόσο κάνει ;

nerozumím

Δε καταλαβαίνω

problém

πρόβλημα

Dobrý večer!

Καλησπέρα!

Dobré ráno!

Καλημέρα!

Dobrou noc!

Καληνύχτα!

na shledanou

Αντίο

směr

κατεύθυνση

zavazadlo

αποσκευές

taška

τσάντα

batoh

σακίδιο πλάτης

host

καλεσμένος

pokoj

δωμάτιο

spací pytel

υπνόσακος

stan

σκηνή

turistické informace

τουριστικές πληροφορίες

pláž

παραλία

kreditní karta

πιστωτική κάρτα

snídaně

πρωινό

oběd

μεσημεριανό

večeře

δείπνο

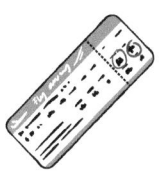

jízdenka

εισιτήριο

výtah

ανελκυστήρας

poštovní známka

γραμματόσημο

hranice

σύνορα

clo

τελωνείο

poselství

πρεσβεία

vízum

βίζα

pas

διαβατήριο

cesta - ταξίδι

transport
μεταφορά

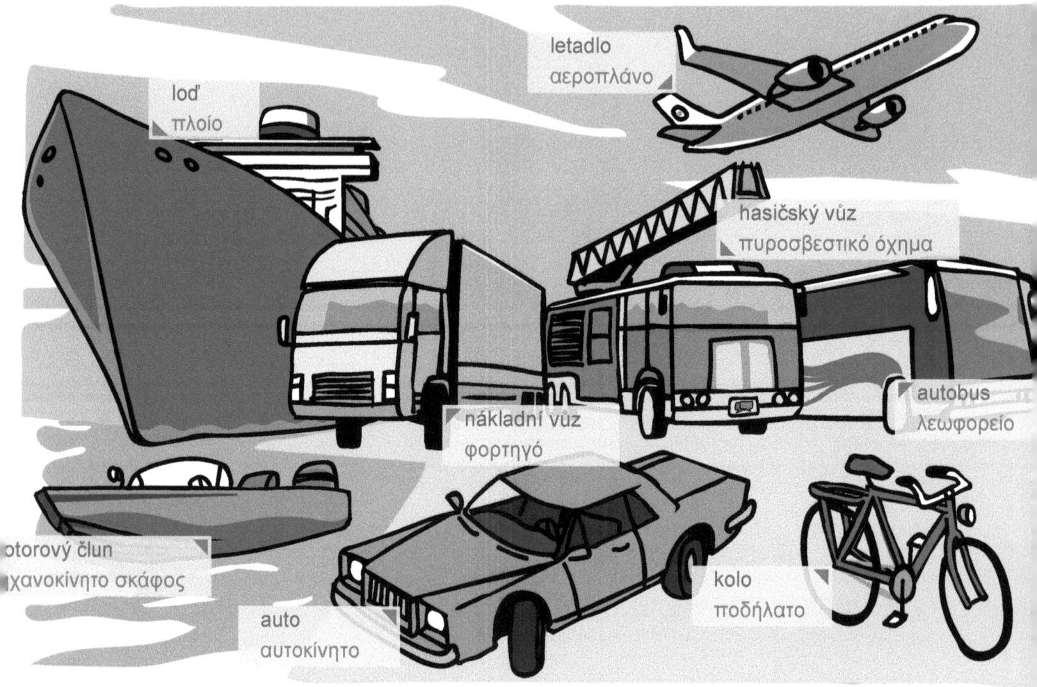
letadlo
αεροπλάνο
loď
πλοίο
hasičský vůz
πυροσβεστικό όχημα
autobus
λεωφορείο
nákladní vůz
φορτηγό
otorový člun
χανοκίνητο σκάφος
kolo
ποδήλατο
auto
αυτοκίνητο

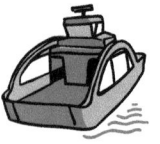

přívoz

φεριμπότ

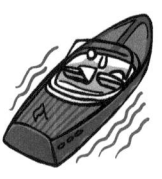

člun

βάρκα

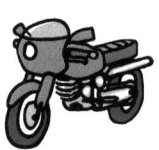

motorka

μοτοσικλέτα

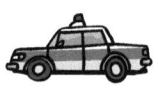

policejní auto

περιπολικό

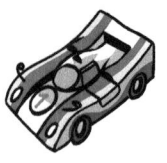

závodní auto

αγωνιστικό αυτοκίνητο

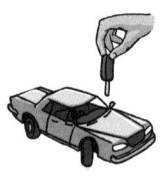

pronajaté auto

ενοικιαζόμενο αυτοκίνητο

sdílení aut
διαμοιρασμός αυτοκινήτων

odtahová služba
γερανός

popelářský vůz
απορριμματοφόρο

motor
κινητήρας

palivo
καύσιμο

čerpací stanice
βενζινάδικο

dopravní značka
πινακίδα σήμανσης

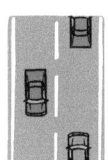

doprava
κυκλοφορία

dopravní zácpa
κυκλοφοριακή συμφόρηση

parkoviště
χώρος στάθμευσης

vlakové nádraží
σιδηροδρομικός σταθμός

koleje
σιδηροδρομικές γραμμές

vlak
τρένο

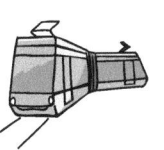

tramvaj
τραμ

vagón
βαγόνι

helikoptéra
ελικόπτερο

letiště
αεροδρόμιο

věž
πύργος

pasažér
επιβάτης

kontejner
εμπορευματοκιβώτιο

kartón
χαρτοκιβώτιο

trakař
καρότσι

koš
καλάθι

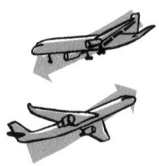

vzlétnout / přistát
απογειώνομαι /
προσγειόνομαι

město
πόλη

vesnice
χωριό

střed města
κέντρο της πόλης

dům
σπίτι

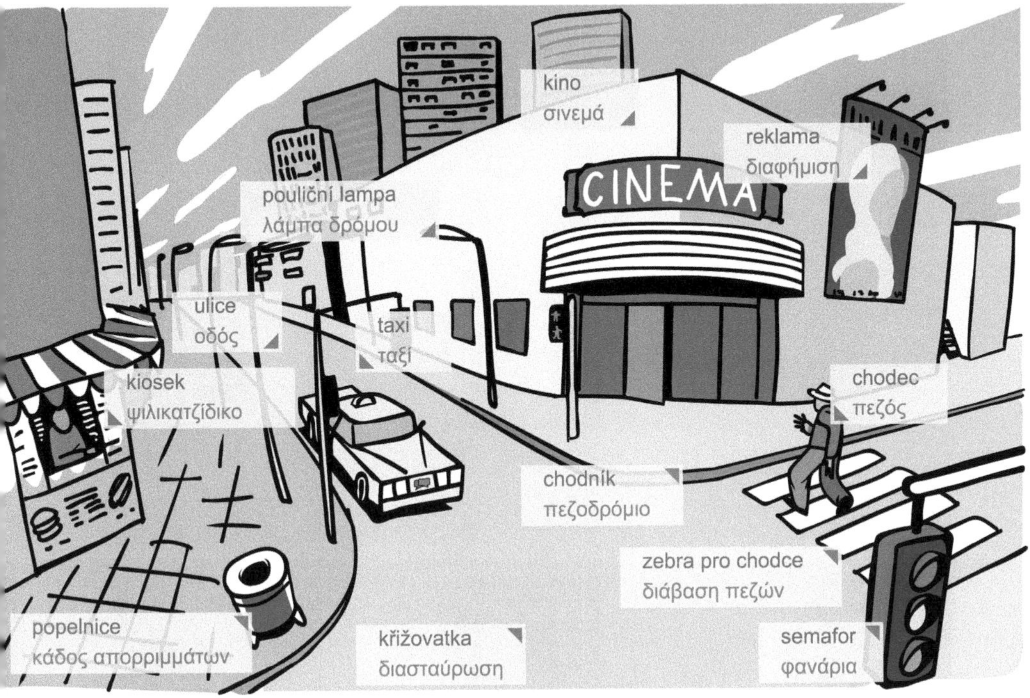

kino
σινεμά
CINEMA
reklama
διαφήμιση
pouliční lampa
λάμπα δρόμου
ulice
οδός
taxi
ταξί
kiosek
ψιλικατζίδικο
chodec
πεζός
chodník
πεζοδρόμιο
zebra pro chodce
διάβαση πεζών
popelnice
κάδος απορριμμάτων
křižovatka
διασταύρωση
semafor
φανάρια

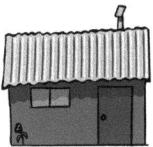

chata

καλύβα

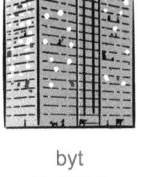

byt

διαμέρισμα

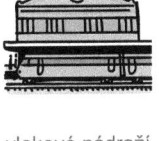

vlakové nádraží

σιδηροδρομικός σταθμός

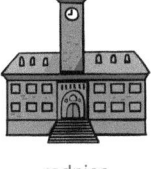

radnice

δημαρχείο

MUSEUM

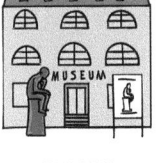

muzeum

μουσείο

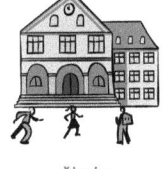

škola

σχολείο

univerzita

πανεπιστήμιο

banka

τράπεζα

nemocnice

νοσοκομείο

hotel

ξενοδοχείο

lékárna

φαρμακείο

kancelář

γραφείο

knihkupectví

βιβλιοπωλείο

obchod

κατάστημα

květinářství

ανθοπωλείο

supermarket

σούπερ μάρκετ

tržnice

αγορά

obchodní dům

πολυκατάστημα

rybárna

ιχθυοπωλείο

nákupní centrum

εμπορικό κέντρο

přístav

λιμάνι

park

πάρκο

lavička

παγκάκι

most

γέφυρα

schody

σκάλες

metro

μετρό

tunel

τούνελ

autobusová zastávka

στάση λεωφορείου

bar

μπαρ

restaurace

εστιατόριο

poštovní schránka

γραμματοκιβώτιο

pouliční tabule

πινακίδα δρόμου

parkovací hodiny

παρκόμετρο

zoo

ζωολογικός κήπος

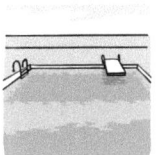

plovárna

πισίνα

mešita

τζαμί

město - πόλη

usedlost

αγρόκτημα

znečišťování životního prostředí

ρύπανση

hřbitov

νεκροταφείο

církev

εκκλησία

hřiště

παιδική χαρά

chrám

ναός

krajina

τοπίο

list
φύλλο

rozcestník
πινακίδα κατεύθυνσης

cesta
δρόμος

louka
λιβάδι

kámen
πέτρα

turista
πεζοπόρος

strom
δέντρο

řeka
ποτάμι

tráva
χορτάρι

květina
λουλούδι

údolí
κοιλάδα

hora
λόφος

jezero
λίμνη

les
δάσος

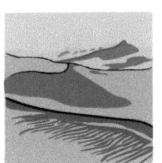

poušť
έρημος

sopka
ηφαίστειο

zámek
κάστρο

duha
ουράνιο τόξο

houba
μανιτάρι

palma
φοίνικας

komár
κουνούπι

moucha
μύγα

mravenec
μυρμήγκι

včela
μέλισσα

pavouk
αράχνη

brouk

σκαθάρι

žába

βάτραχος

veverka

σκίουρος

ježek

σκαντζόχοιρος

zajíc

λαγός

sova

κουκουβάγια

pták

πουλί

labuť

κύκνος

divoké prase

αγριογούρουνο

jelen

ελάφι

los

άλκη

přehrada

φράγμα

větrné kolo

ανεμογεννήτρια

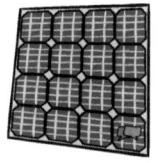

solární panel

ηλιακός συλλέκτης

podnebí

κλίμα

restaurace
εστιατόριο

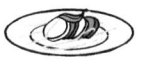

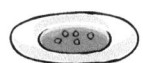

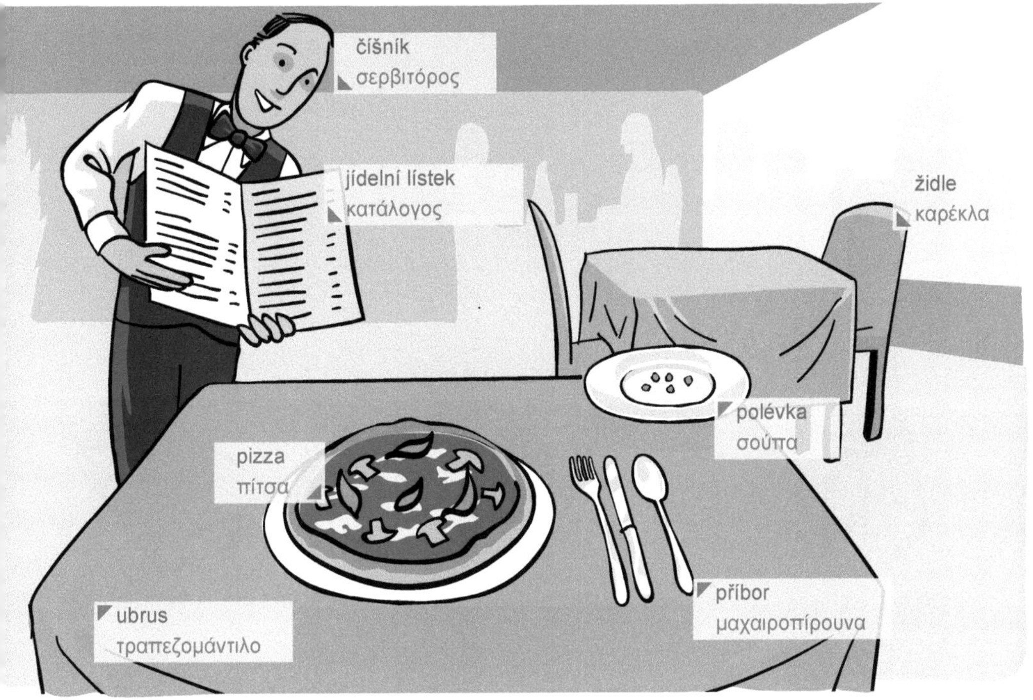

číšník
σερβιτόρος
jídelní lístek
κατάλογος
židle
καρέκλα
polévka
σούπα
pizza
πίτσα
ubrus
τραπεζομάντιλο
příbor
μαχαιροπίρουνα

předkrm

ορεκτικό

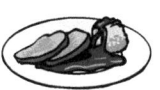

hlavní chod

κύριο πιάτο

dezert

επιδόρπιο

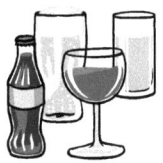

nápoje

ποτά

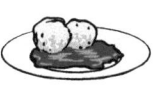

jídlo

φαγητό

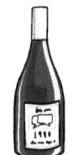

láhev

μπουκάλι

rychlé občerstvení

φαστ φουντ

pouliční občerstvení

φαγητό στ' όρθιο

čajová konvice

τσαγιέρα

cukřenka

δοχείο ζάχαρης

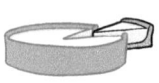

porce

μερίδα

kávovar na espresso

μηχανή εσπρέσο

dětská stolička

ψηλή καρέκλα

faktura

λογαριασμός

tác

δίσκος

nůž

μαχαίρι

vidlička

πιρούνι

lžíce

κουτάλι

čajová lyžička

κουταλάκι του τσαγιού

ubrousek

πετσέτα φαγητού

sklenička

ποτήρι

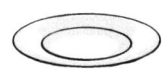

talíř

πιάτο

talíř na polévku

πιάτο σούπας

podšálek

πιατάκι φλιτζανιού

omáčka

σάλτσα

slánka

αλατιέρα

mlýnek na pepř

μύλος για πιπέρι

ocet

ξύδι

olej

λάδι

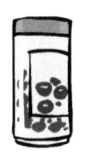

koření

μπαχαρικά

kečup

κέτσαπ

hořčice

μουστάρδα

majonéza

μαγιονέζα

supermarket
σούπερ μάρκετ

nabídka
προσφορά
FOR
zákazník
πελάτης
mléčné výrobky
γαλακτοκομικά προϊόντα
ovoce
φρούτα
nákupní vozík
καρότσι για ψώνια

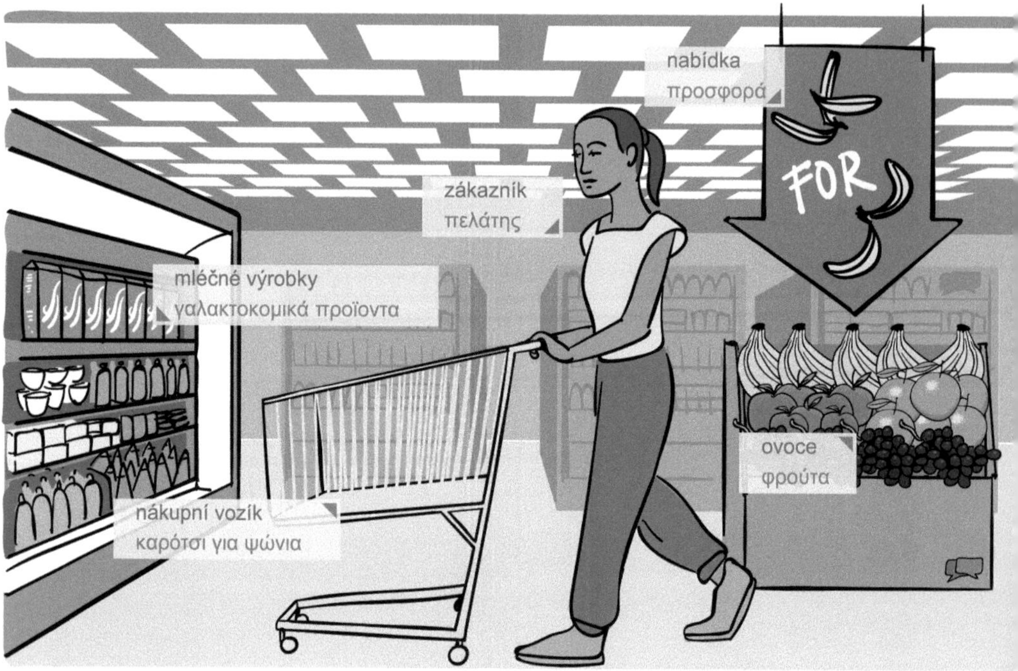

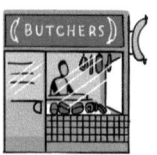

BUTCHERS

masna

κρεοπωλείο

BAKERY

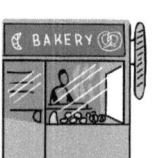

pekařství

φούρνος

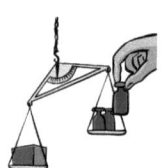

vážit

ζυγίζω

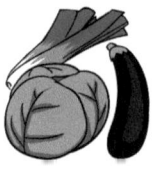

zelenina

λαχανικά

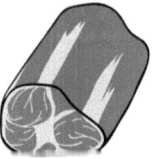

maso

κρέας

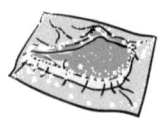

mražené potraviny

κατεψυγμένα τρόφιμα

obložený talíř

αλλαντικά

konzervy

κονσερβοποιημένη τροφή

prací prášek

απορρυπαντικό ρούχων

cukrovinky

γλυκά

výrobky pro domácnost

οικιακά είδη

čisticí prostředek

καθαριστικά προϊόντα

prodavačka

πωλήτρια

pokladna

ταμείο

pokladní

ταμίας

nákupní seznam

λίστα για ψώνια

otevírací doba

ωράριο λειτουργίας

peněženka

πορτοφόλι

kreditní karta

πιστωτική κάρτα

taška

τσάντα

igelitová taška

πλαστική σακούλα

voda

νερό

džus

χυμός

mléko

γάλα

kola

κόκα κόλα

víno

κρασί

pivo

μπίρα

alkohol

αλκοόλ

kakao

κακάο

čaj

τσάι

káva

καφές

espresso

εσπρέσο

kapučíno

καπουτσίνο

banán

μπανάνα

jablko

μήλο

pomeranč

πορτοκάλι

meloun

πεπόνι

citrón

λεμόνι

mrkev

καρότο

česnek

σκόρδο

bambus

μπαμπού

cibule

κρεμμύδι

houba

μανιτάρι

ořechy

ξηροί καρποί

těstoviny

νουντλς

špageti

μακαρόνια

rýže

ρύζι

salát

σαλάτα

hranolky

πατατάκια

americké brambory

τηγανητές πατάτες

pizza

πίτσα

hamburger

χάμπουργκερ

sendvič

σάντουιτς

řízek

κοτολέτα

šunka

ζαμπόν

salám

σαλάμι

salám

λουκάνικο

kuře

κοτόπουλο

pečeně

ψητό

ryby

ψάρι

ovesné vločky	müsli	vločky
χυλός βρώμης	μούσλι	κορν φλέικς

mouka	croissant	houska
αλεύρι	κρουασάν	ψωμάκι
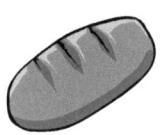		
chléb	toast	sušenky
ψωμί	τοστ	μπισκότα

máslo	tvaroh	buchta
βούτυρο	τυρόπηγμα	κέικ

vejce	volské oko	sýr
αυγό	τηγανητό αυγό	τυρί

zmrzlina

παγωτό

cukr

ζάχαρη

med

μέλι

marmeláda

μαρμελάδα

nugátový krém

άλλειμμα σοκολάτας

kari

κάρυ

usedlost
αγρόκτημα

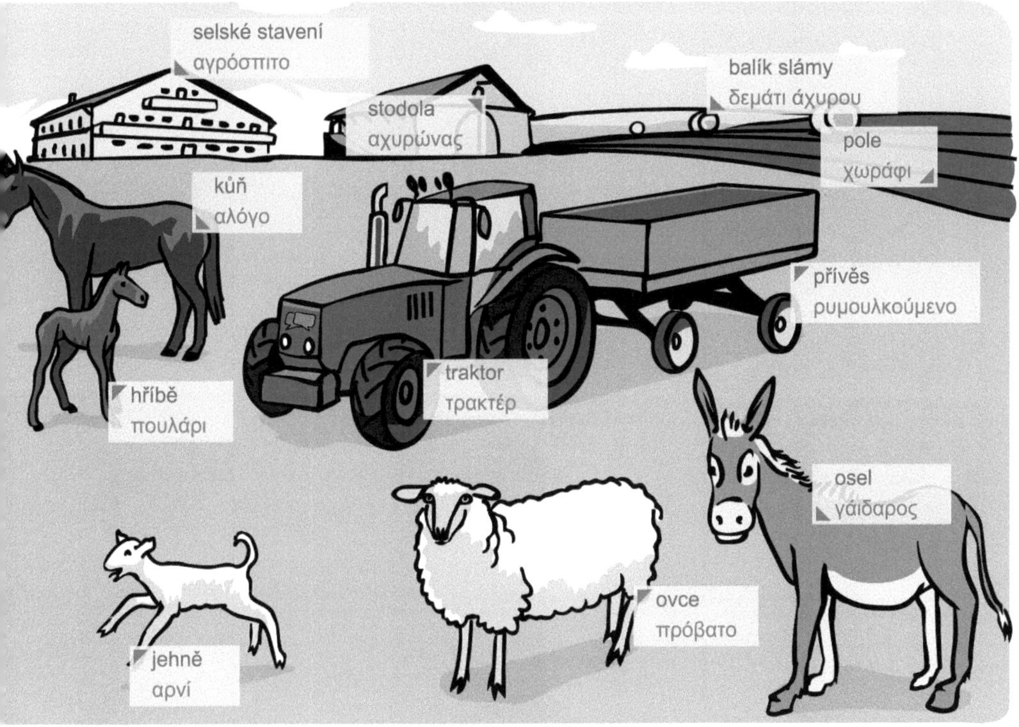
selské stavení
αγρόσπιτο
stodola
αχυρώνας
balík slámy
δεμάτι άχυρου
pole
χωράφι
kůň
αλόγο
přívěs
ρυμουλκούμενο
hříbě
πουλάρι
traktor
τρακτέρ
osel
γάιδαρος
ovce
πρόβατο
jehně
αρνί

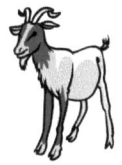

koza

κατσίκα

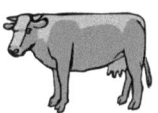

kráva

αγελάδα

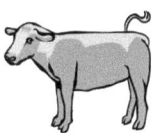

tele

μοσχαράκι

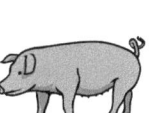

prase

γουρούνι

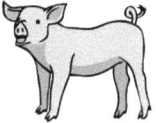

sele

γουρουνάκι

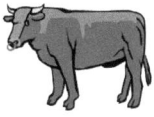

býk

ταύρος

husa
χήνα

kachna
πάπια

kuře
κοτοπουλάκι

slepice
κότα

kohout
κόκορας

krysa
αρουραίος

kočka
γάτα

myš
ποντίκι

vůl
βόδι

pes
σκύλος

psí bouda
σπιτάκι σκύλου

zahradní hadice
λάστιχο κήπου

kropicí konev
ποτιστήρι

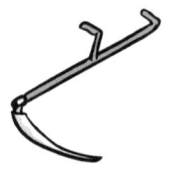

kosa
θεριστήρι

pluh
αλέτρι

srp

δρεπάνι

motyka

τσάπα

vidle

δίκρανο

sekera

τσεκούρι

kolecko

χειράμαξα

koryto

ταΐστρα

konev na mléko

δοχείο γάλακτος

pytel

σάκος

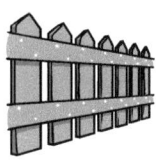

plot

φράχτης

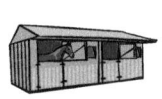

stáj

στάβλος

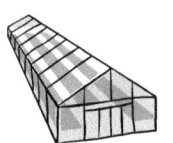

skleník

θερμοκήπιο

půda

έδαφος

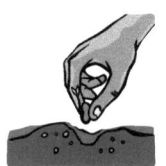

osivo

σπόρος

hnojivo

λίπασμα

kombajn

θεριζοαλωνιστική μηχανή

sklidit

θερίζω

sklizeň

συγκομιδή

smldinec

γιαμς

pšenice

σιτάρι

sója

σόγια

brambora

πατάτα

kukuřice

καλαμπόκι

řepka

κράμβη

ovocný strom

οπωροφόρο δέντρο

maniok

μανιόκα

obilí

δημητριακά

dům
σπίτι

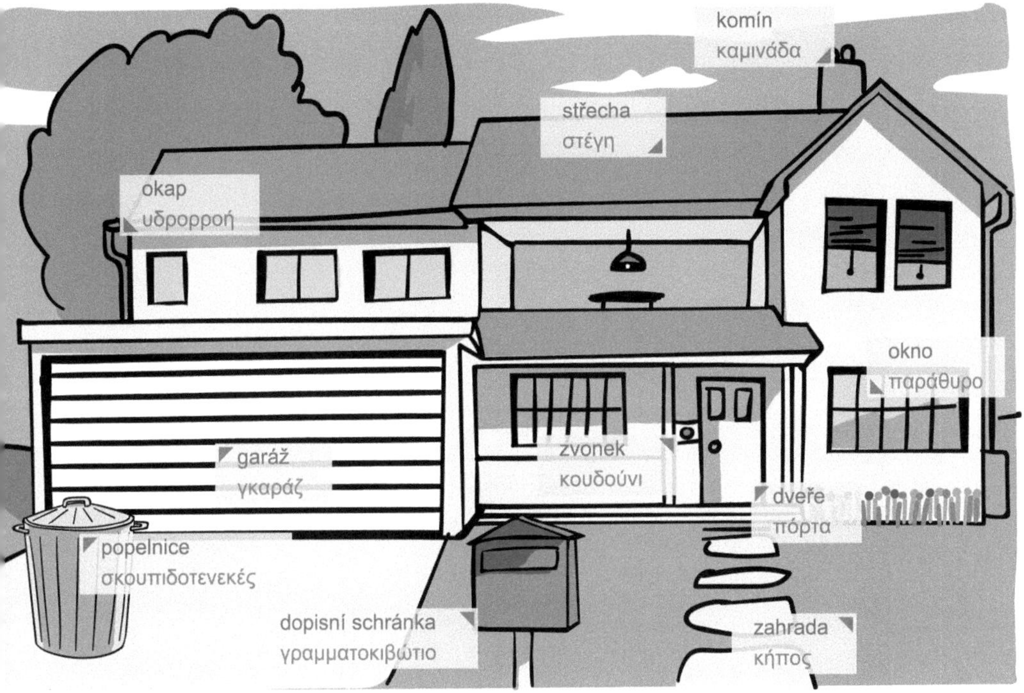
komín
καμινάδα
střecha
στέγη
okap
υδρορροή
okno
παράθυρο
garáž
γκαράζ
zvonek
κουδούνι
dveře
πόρτα
popelnice
σκουπιδοτενεκές
dopisní schránka
γραμματοκιβώτιο
zahrada
κήπος

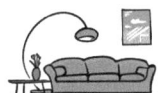

obývací pokoj

σαλόνι

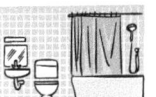

koupelna

μπάνιο

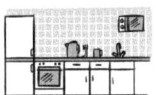

kuchyně

κουζίνα

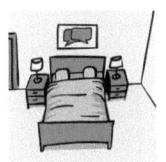

ložnice

υπνοδωμάτιο

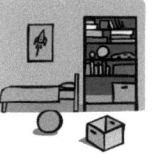

dětský pokoj

παιδικό δωμάτιο

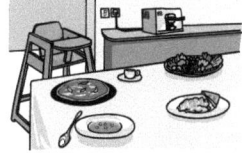

jídelna

τραπεζαρία

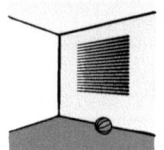

podlaha

πάτωμα

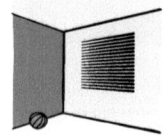

zeď

τοίχος

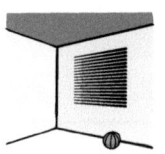

deka

οροφή

sklep

κελάρι

sauna

σάουνα

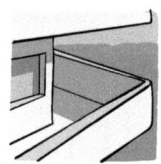

balkón

μπαλκόνι

terasa

βεράντα

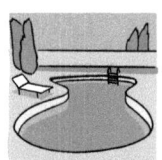

bazén

πισίνα

sekačka na trávu

μηχανή του γκαζόν

ložní prádlo

σεντόνι

lůžková přikrývka

κάλυμμα κρεβατιού

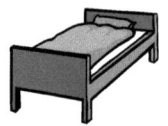

postel

κρεβάτι

smeták

σκούπα

kýbl

κουβάς

vypínač

διακόπτης

obývací pokoj
σαλόνι

tapeta
ταπετσαρία
obrázek
φωτογραφία
žárovka
λάμπα
police
ράφι
skříň
ντουλάπι
televizor
τηλεόραση
komín
τζάκι
květina
λουλούδι
polštář
μαξιλάρι
gauč
καναπές
váza
βάζο
dálkový ovladač
τηλεκοντρόλ

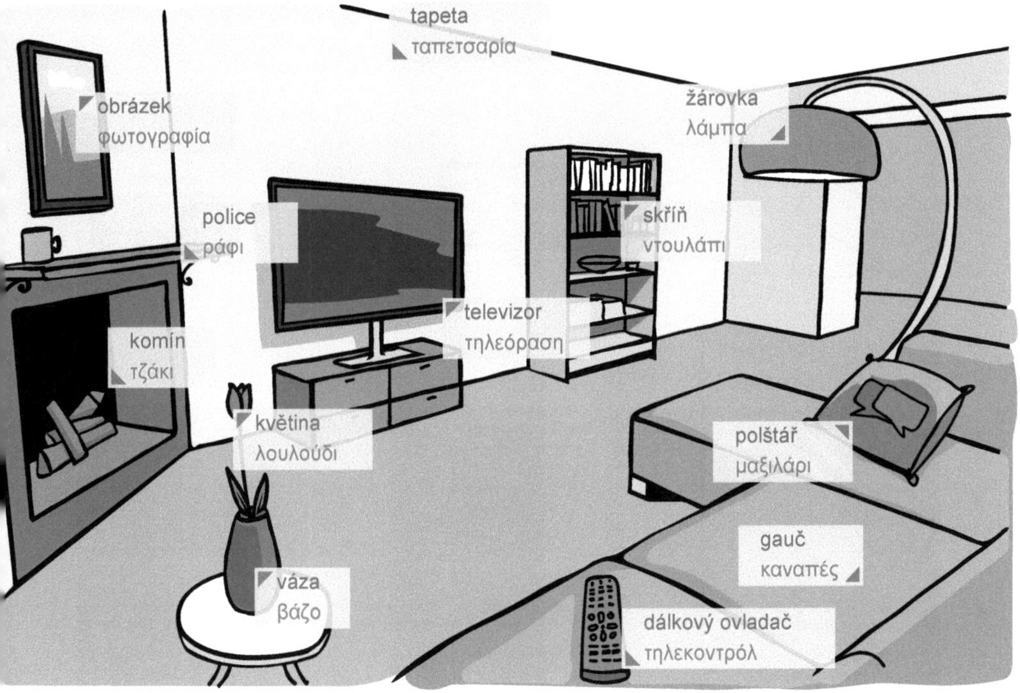

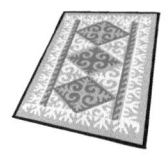

koberec

χαλί

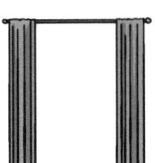

závěs

κουρτίνα

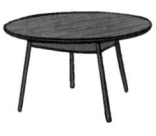

stůl

τραπέζι

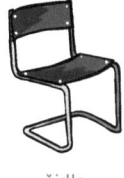

židle

καρέκλα

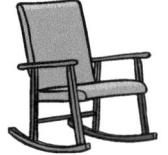

houpací křeslo

κουνιστή πολυθρόνα

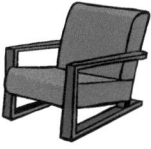

křeslo

πολυθρόνα

kniha

βιβλίο

strop

κουβέρτα

ozdoba

διακόσμηση

palivové dříví

καυσόξυλα

film

ταινία

stereo souprava

στερεοφωνικό σύστημα

klíč

κλειδί

noviny

εφημερίδα

malba

πίνακας ζωγραφικής

plakát

αφίσα

rádio

ραδιόφωνο

poznámkový blok

σημειωματάριο

vysavač

ηλεκτρική σκούπα

kaktus

κάκτος

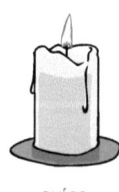

svíce

κερί

kuchyně
κουζίνα

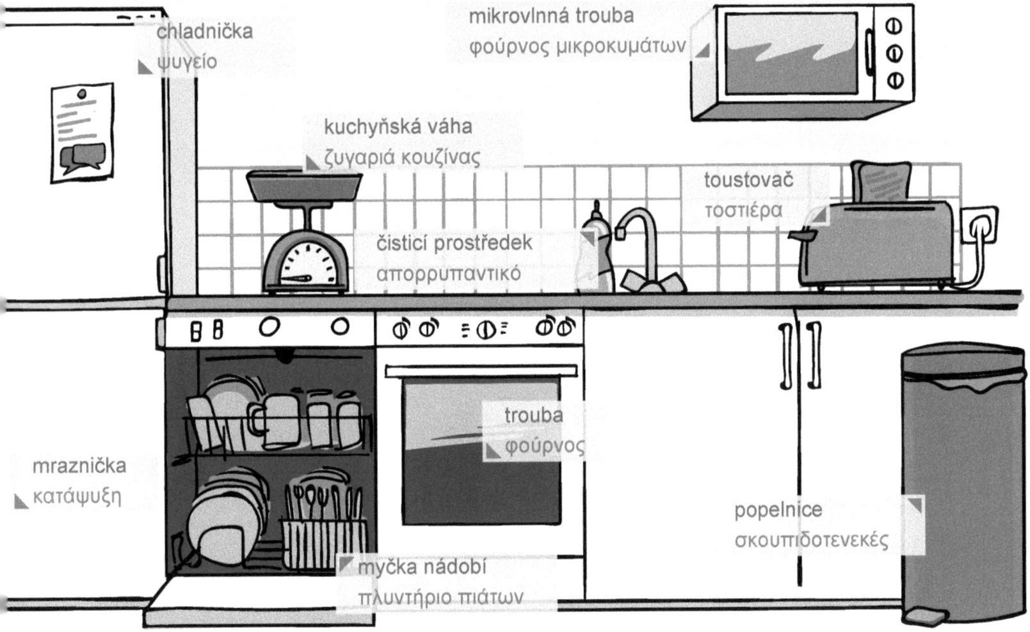

chladnička
ψυγείο
mikrovlnná trouba
φούρνος μικροκυμάτων
kuchyňská váha
ζυγαριά κουζίνας
toustovač
τοστιέρα
čisticí prostředek
απορρυπαντικό
trouba
φούρνος
mraznička
κατάψυξη
popelnice
σκουπιδοτενεκές
myčka nádobí
πλυντήριο πιάτων

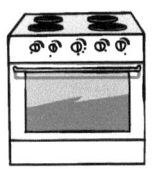

sporák

κουζίνα

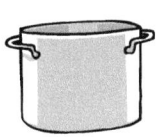

hrnec

κατσαρόλα

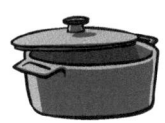

litinový hrnec

μαντεμένια κατσαρόλα

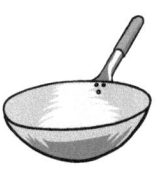

wok / kadai

γουόκ/καντάι

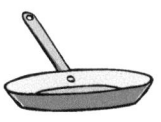

pánev

τηγάνι

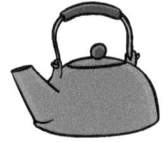

varná konvice

βραστήρας

parní hrnec

ατμομάγειρας

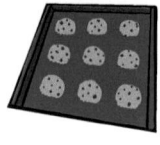

plech na pečení

ταψί

nádobí

πιατικά

hrnek

κούπα

miska

μπολ

jídelní hůlky

ξυλάκια

naběračka

κουτάλα

obracečka

σπάτουλα

metla

ανακατεύω

síto

σουρωτήρι

cedník

σουρωτηράκι

struhadlo

τρίφτης

hmoždíř

γουδί

gril

ψησταριά

ohniště

ανοιχτή φωτιά

prkénko na krájení

σανίδα κοπής

váleček na těsto

πλάστης

vývrtka

ανοιχτήρι φελλών

dóza

κονσέρβα

otvírák na konzervy

ανοιχτήρι κονσέρβας

chňapka

γάντι φούρνου

umyvadlo

νεροχύτης

kartáč na nádobí

βούρτσα

houba

σφουγγάρι

mixér

μπλέντερ

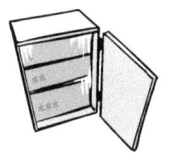

mrazák

καταψύκτης

dětská lahev

μπιμπερό

kohoutek

βρύση

kuchyně - κουζίνα   37

koupelna
μπάνιο

topení
θέρμανση
ručník
πετσέτα
sprcha
ντους
sprchový závěs
κουρτίνα ντουζ
pěnová koupel
αφρόλουτρο
vana
μπανιέρα
sklenička
ποτήρι
pračka
πλυντήριο ρούχων
kohoutek
βρύση
obkladačky
πλακάκια
nočník
γιογιό
umyvadlo
νεροχύτης

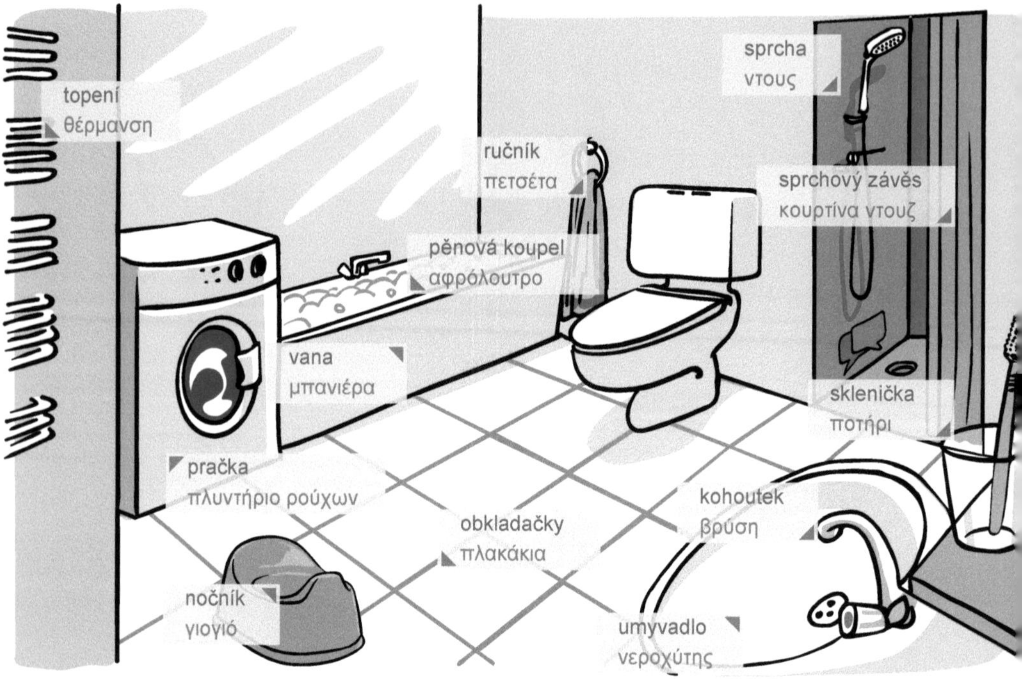

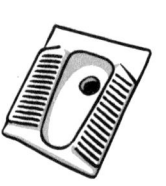

záchod

τουαλέτα

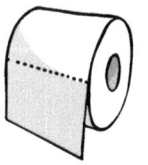

turecký záchod

τούρκικη τουαλέτα

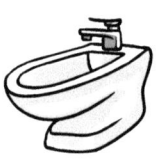

bidet

μπιντές

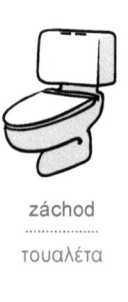

pisoár

ουρητήριο

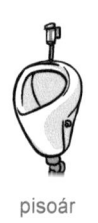

toaletní papír

χαρτί υγείας

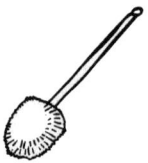

záchodová štětka

πιγκάλ

zubní kartáček

οδοντόβουρτσα

zubní pasta

οδοντόκρεμα

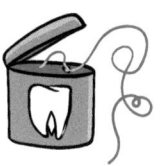

zubní niť

οδοντικό νήμα

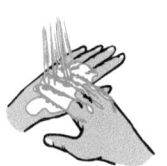

mýt

πλένω

ruční sprcha

τηλέφωνο ντους

intimní sprcha

ντουσιέρα

umyvadlo

λεκάνη

kartáč na záda

βούρτσα πλάτης

mýdlo

σαπούνι

sprchový gel

αφρόλουτρο

šampón

σαμπουάν

žínka

φανέλα

odpad

σιφόνι

krém

κρέμα

deodorant

αποσμητικό

zrcadlo

καθρέφτης

kosmetické zrcátko

καθρέφτης χειρός

holicí strojek

ξυραφάκι

pěna na holení

αφρός ξυρίσματος

voda po holení

αφτερσέιβ

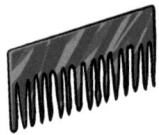

hřeben

χτένα

kartáč

βούρτσα

fén

σεσουάρ

lak na vlasy

λακ

makeup

μακιγιάζ

rtěnka

κραγιόν

lak na nehty

βερνίκι νυχιών

vata

βαμβάκι

nůžky na nehty

ψαλίδι νυχιών

parfém

άρωμα

aška s toaletními potřebami

nesesér
νεσεσέρ

stolička

σκαμπό

váha

ζυγαριά

župan

μπουρνούζι

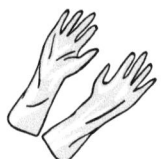

gumové rukavice

ελαστικά γάντια

tampón

ταμπόν

dámská vložka

πετσέτα υγιεινής

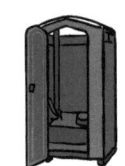

chemická toaleta

χημική τουαλέτα

dětský pokoj
παιδικό δωμάτιο

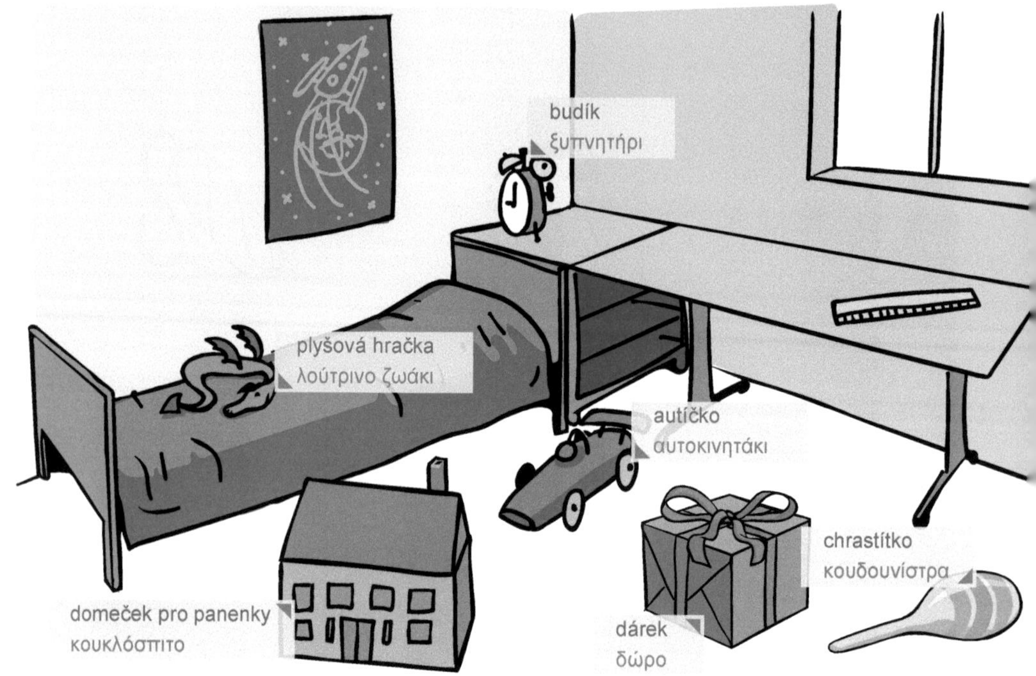

budík
ξυπνητήρι
plyšová hračka
λούτρινο ζωάκι
autíčko
αυτοκινητάκι
chrastítko
κουδουνίστρα
domeček pro panenky
κουκλόσπιτο
dárek
δώρο

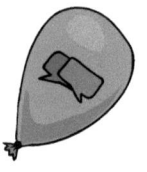

balón

μπαλόνι

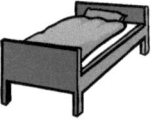

postel

κρεβάτι

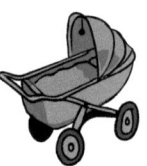

kočárek

καροτσάκι

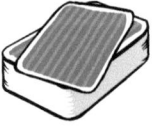

balíček karet

τράπουλα

puzzle

παζλ

SUPER MEGA

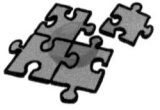

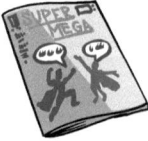

komiks

κόμικς

lego kostky

τουβλάκια lego

stavebnice

τουβλάκια κατασκευών

akční figurka

φιγούρα δράσης

dupačky

βρεφικό φορμάκι

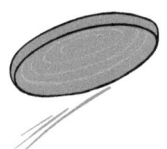

frisbee

φρίσμπι

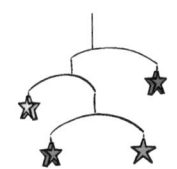

závěsné hračky nad postýlku

μόμπιλο

desková hra

επιτραπέζιο παιχνίδι

kostky

ζάρια

modelová železnice

σετ τρενάκι

dudlík

πιπίλα

oslava

πάρτι

obrázková kniha

εικονογραφημένο βιβλίο

míč

μπάλα

panenka

κούκλα

hrát si

παίζω

pískoviště

σκάμμα με άμμο

houpačka

κούνια

hračky

παιχνίδια

hrací konzole

κονσόλα βιντεοπαιχνιδιών

tříkolka

τρίκυκλο

medvídek

αρκουδάκι

šatník

ντουλάπα

oblečení
ρούχα

ponožky

κάλτσες

punčochy

καλτσοδέτες

punčochové kalhoty

καλσόν

šála
κασκόλ

deštník
ομπρέλα

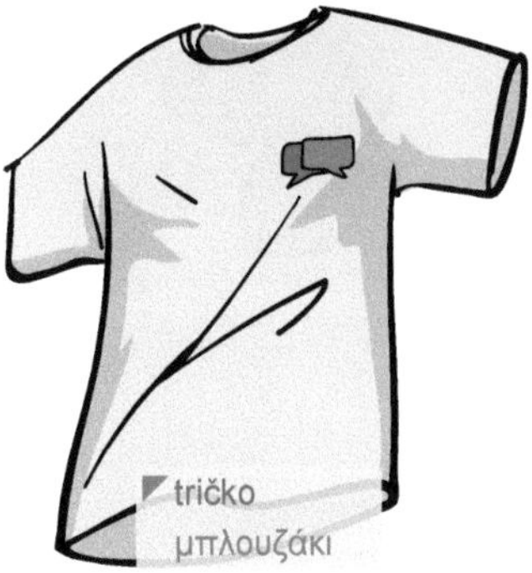

tričko
μπλουζάκι

pásek
ζώνη

kozačky
μπότες

domácí obuv
παντόφλες

tenisky
αθλητικά παπούτσια

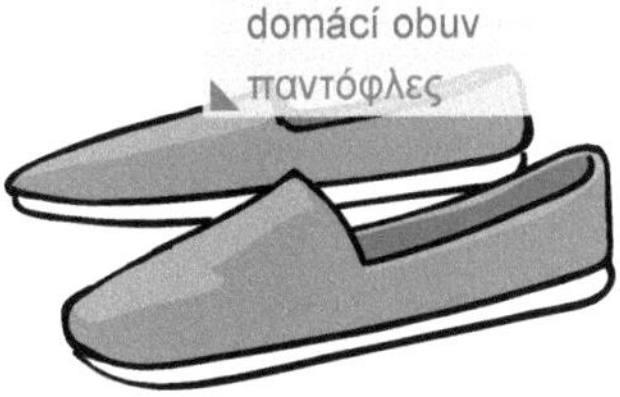

sandály

σανδάλια

obuv

παπούτσια

holínky

γαλότσες

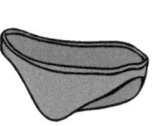

spodní prádlo

εσώρουχο

podprsenka

σουτιέν

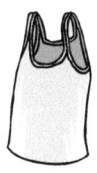

nátělník

φανέλα

oblečení - ρούχα

45

body

σώμα

kalhoty

παντελόνι

džíny

τζιν παντελόνι

sukně

φούστα

blůza

μπλούζα

košile

πουκάμισο

svetr

πουλόβερ

mikina

πουλόβερ

blejzr

σακάκι

bunda

μπουφάν

kabát

παλτό

pláštěnka

αδιάβροχο πανωφόρι

kostým

κοστούμι

šaty

ψύρεμα

svatební šaty

νυφικό

oblek

κοστούμι

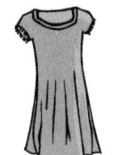

noční košile

νυχτικό

pyžamo

πιτζάμες

sárí

σάρι

šátek na hlavu

μαντήλι

turban

τουρμπάνι

burka

μπούρκα

kaftan

καφτάνι

abája

μουσουλμανικό ένδυμα

plavky

ολόσωμο μαγιό

pánské plavky

ανδρικό μαγιό

kraťasy

σορτς

teplákovásouprava

αθλητική φόρμα

zástěra

ποδιά

rukavice

γάντια

knoflík

κουμπί

brýle

γυαλιά

náramek

βραχιόλι

náhrdelník

περιδέραιο

prsten

δαχτυλίδι

náušnice

σκουλαρίκι

čepice

καπέλο

ramínko

κρεμάστρα

klobouk

καπέλο

kravata

γραβάτα

zip

φερμουάρ

helma

κράνος

kšandy

τιράντες

školní uniforma

μαθητική στολή

uniforma

στολή

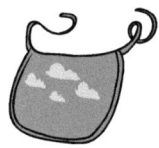

bryndák

σαλιάρα

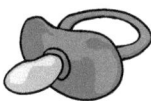

dudlík

πιπίλα

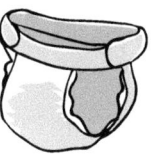

plena

πάνα

kancelář

γραφείο

server
σέρβερ
kartotéka
αρχειοθήκη
tiskárna
εκτυπωτής
papír
χαρτί
monitor
οθόνη
myš
ποντίκι
psací stůl
γραφείο
šanon
ντοσιέ
klávesnice
πληκτρολόγιο
odpadkový koš na papír
καλάθι αχρήστων
počítač
υπολογιστής
židle
καρέκλα

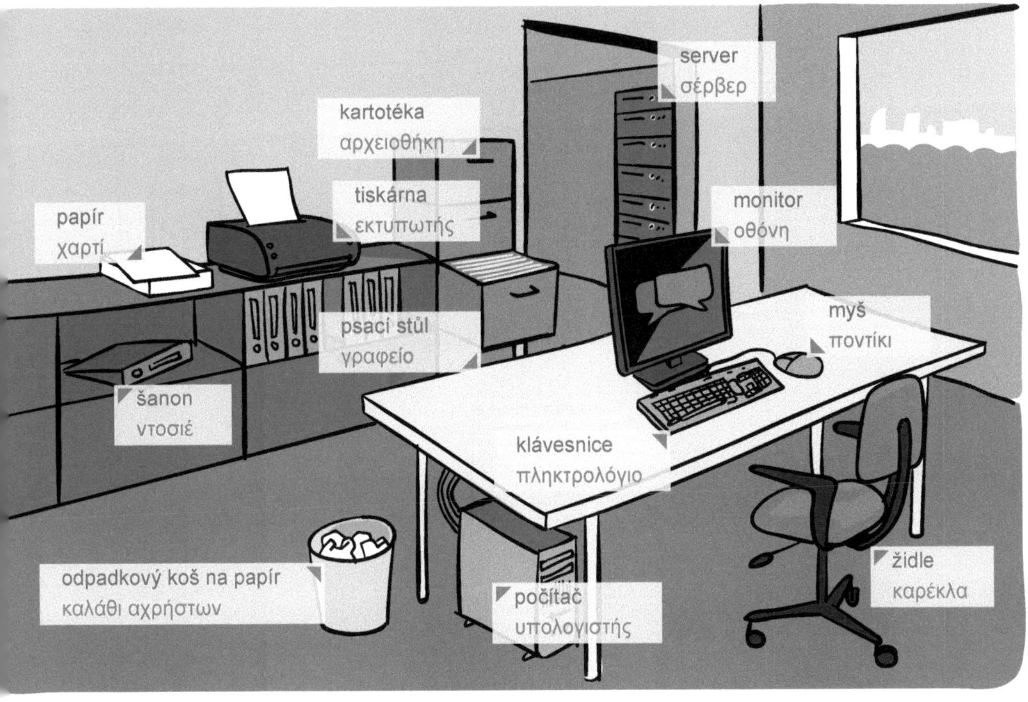

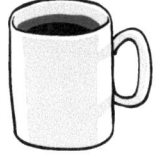

hrnek na kávu

κούπα του καφέ

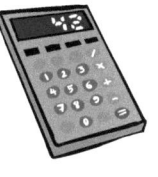

kalkulačka

κομπιουτεράκι

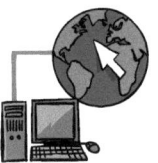

internet

ίντερνετ

notebook

λάπτοπ

dopis

γράμμα

zpráva

μήνυμα

mobil

κινητό

síť

δίκτυο

kopírka

φωτοτυπικό μηχάνημα

software

λογισμικό

telefon

τηλέφωνο

zásuvka

πρίζα

fax

συσκευή φαξ

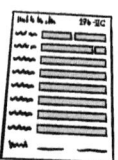

formulář

έντυπο

dokument

έγγραφο

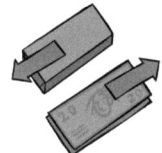

nakupovat

αγοράζω

zaplatit

πληρώνω

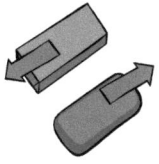

jednat

συναλλάσσομαι

peníze

χρήματα

dolar

δολάριο

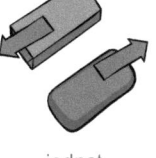

euro

ευρώ

jen

γιεν

rubl

ρούβλι

frank

ελβετικό φράγκο

juan

ρενμίνμπι γιουάν

rupie

ρουπία

bankomat

ATM (αυτόματη ταμειακή μηχανή)

směnárna

ανταλλακτήρια συναλλάγματος

zlato

χρυσός

stříbro

ασήμι

olej

πετρέλαιο

energie

ενέργεια

cena

τιμή

smlouva

συμβόλαιο

daň

φόρος

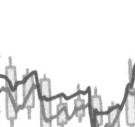

akcie

μετοχή

pracovat

δουλεύω

zaměstnanec

υπάλληλος

zaměstnavatel

εργοδότης

továrna

εργοστάσιο

obchod

κατάστημα

povolání
επαγγέλματα

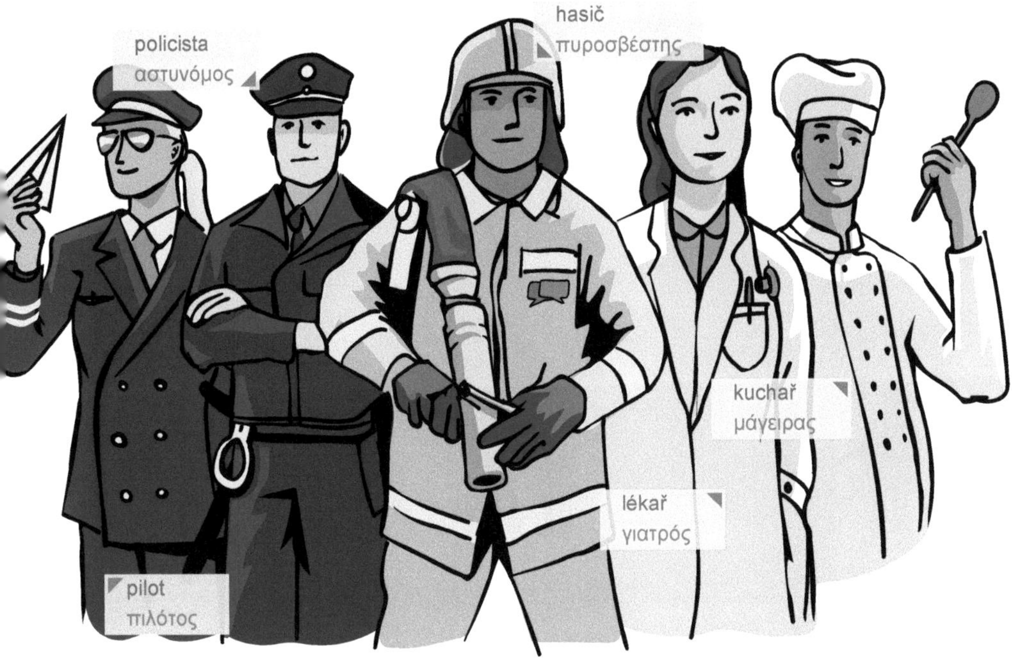

policista
αστυνόμος
hasič
πυροσβέστης
kuchař
μάγειρας
lékař
γιατρός
pilot
πιλότος

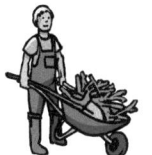

zahradník

κηπουρός

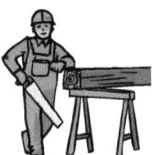

truhlář

ξυλουργός

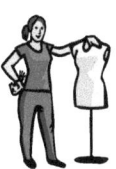

švadlena

μοδίστρα

soudce

δικαστής

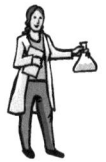

chemik

χημικός

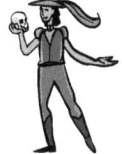

herec

ηθοποιός

řidič autobusu

οδηγός λεωφορείου

řidič taxi

ταξιτζής

rybář

ψαράς

uklízečka

καθαρίστρια

pokrývač

τεχνίτης στεγών

číšník

σερβιτόρος

myslivec

κυνηγός

malíř

ζωγράφος

pekař

αρτοποιός

elektrikář

ηλεκτρολόγος

stavební dělník

οικοδόμος

inženýr

μηχανολόγος

řezník

κρεοπώλης

klempíř

υδραυλικός

listonoš

ταχυδρόμος

voják
στρατιώτης

architekt
αρχιτέκτονας

pokladní
ταμίας

florista
ανθοπώλης

kadeřník
κομμωτής

průvodčí
ελεγκτής εισιτηρίων

mechanik
μηχανικός

kapitán
καπετάνιος

zubař
οδοντίατρος

vědec
επιστήμονας

rabín
ραβίνος

imám
ιμάμης

mnich
μοναχός

duchovní
ιερέας

povolání - επαγγέλματα

nářadí

εργαλεία

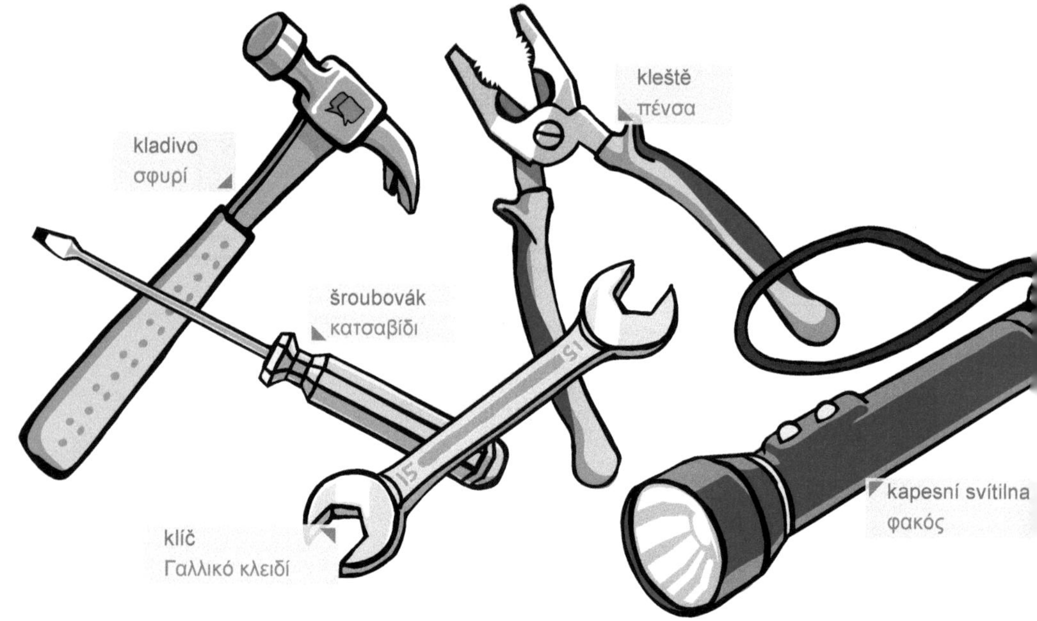
kladivo
σφυρί
kleště
πένσα
šroubovák
κατσαβίδι
klíč
Γαλλικό κλειδί
kapesní svítilna
φακός

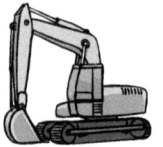

bagr

εκσκαφέας

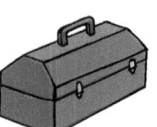

skříň na nářadí

εργαλειοθήκη

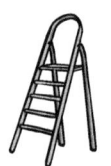

žebřík

σκάλα

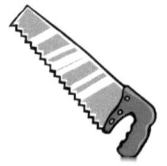

pila

πριόνι

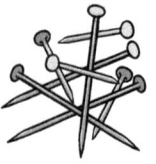

hřebíky

καρφιά

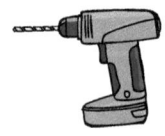

vrtačka

τρυπάνι

opravit

επισκευάζω

lopata

φτυάρι

Kurva!

Να πάρει!

lopatka

φαράσι

vědroé na barvu

δοχείο χρωμάτων

šrouby

βίδες

hudební nástroje
μουσικά όργανα

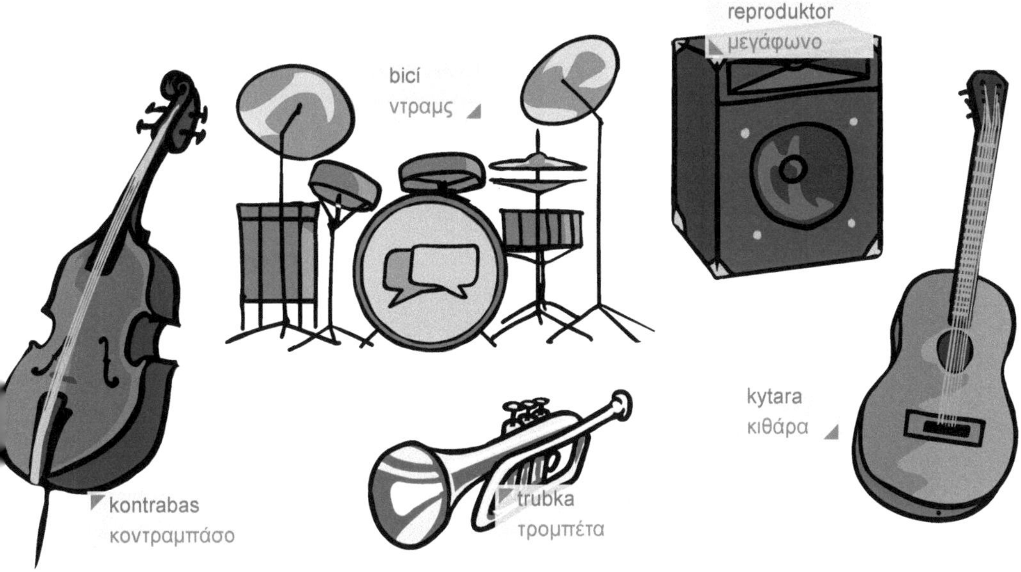

reproduktor
μεγάφωνο

bicí
ντραμς

kontrabas
κοντραμπάσο

trubka
τρομπέτα

kytara
κιθάρα

klavír

πιάνο

housle

βιολί

basa

μπάσο

tympán

τύμπανα

bubny

τύμπανο

keyboard

πλήκτρα

saxofon

σαξόφωνο

flétna

φλάουτο

mikrofon

μικρόφωνο

hudební nástroje - μουσικά όργανα

ZOO

ζωολογικός κήπος

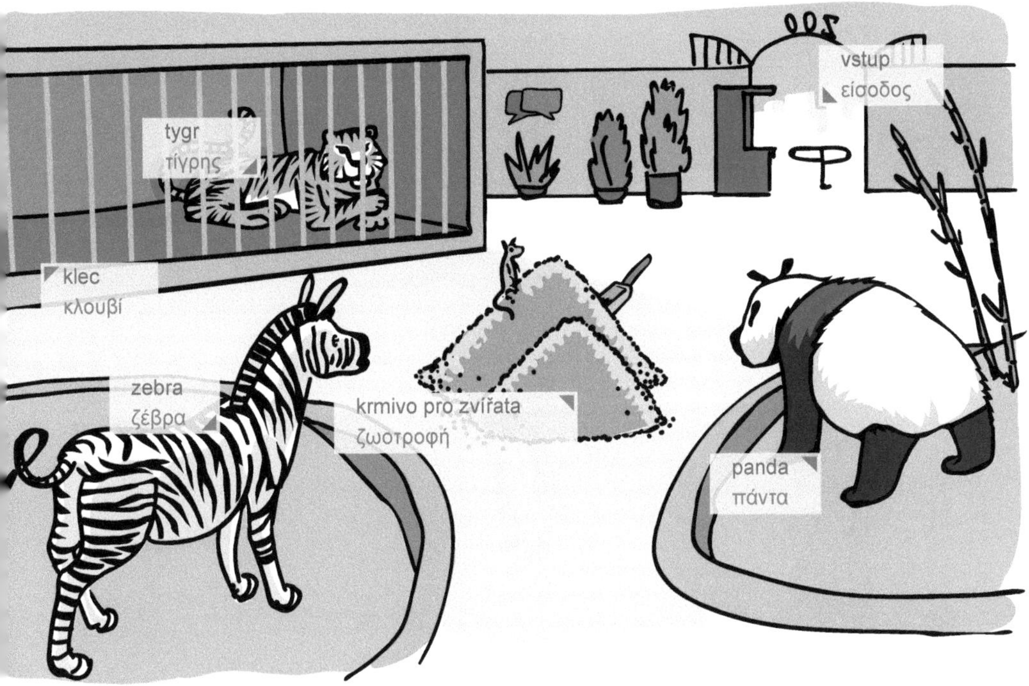

tygr
τίγρης
vstup
είσοδος
klec
κλουβί
zebra
ζέβρα
krmivo pro zvířata
ζωοτροφή
panda
πάντα

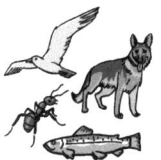

zvířata

ζώα

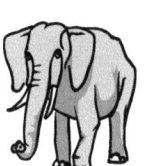

slon

ελέφαντας

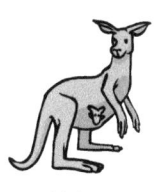

klokan

καγκουρό

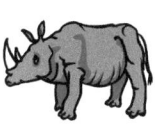

nosorožec

ρινόκερος

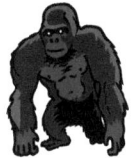

gorila

γορίλας

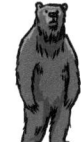

medvěd

αρκούδα

velbloud

καμήλα

pštros

στρουθοκάμηλος

lev

λιοντάρι

opice

πίθηκος

plameňák

φλαμίνγκο

papoušek

παπαγάλος

lední medvěd

πολική αρκούδα

tučňák

πιγκουίνος

žralok

καρχαρίας

páv

παγώνι

had

φίδι

krokodýl

κροκόδειλος

ošetřovatel zvířat

φύλακας ζωολογικού κήπου

tuleň

φώκια

jaguár

ιζύγκουαρ

zoo - ζωολογικός κήπος

poník

πόνυ

leopard

λεοπάρδαλη

hroch

ιπποπόταμος

žirafa

καμηλοπάρδαλη

orel

αετός

divoké prase

αγριογούρουνο

ryby

ψάρι

želva

χελώνα

mrož

θαλάσσιος ίππος

liška

αλεπού

gazela

γαζέλα

zoo - ζωολογικός κήπος

americký fotbal
Αμερικάνικο ποδόσφαιρο

cyklistika
ποδηλασία

tenis
αντισφαίριση

košíková
μπάσκετ

plavání
κολύμβηση

box
πυγχαμία

lední hokej
χόκεϋ επί πάγου

kopaná
ποδόσφαιρο

badminton
μπάντμιντον

lehká atletika
στίβος

házená
χάντμπολ

běh na lyžích
σκι

vodní pólo
πόλο

skočit / πηδάω

smát se / γελάω

objímat / αγκαλιάζω

jít / περπατάω

zpívat / τραγουδάω

snít / ονειρεύομαι

modlit se / προσεύχομαι

políbit / φιλάω

psát

γράφω

kreslit

σχεδιάζω

ukazovat

δείχνω

tlačit

πιέζω

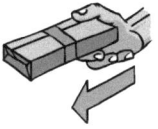

dát

δίνω

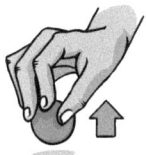

vzít si

παίρνω

mít

έχω

dělat

κάνω

být

είμαι

stát

στέκομαι

běhat

τρέχω

táhnout

τραβάω

hodit

ρίχνω

padat

πέφτω

ležet

ξαπλώνω

čekat

περιμένω

nosit

κουβαλώ

sedět

κάθομαι

oblékat

φοράω

spát

κοιμάμαι

vzbudit se

ξυπνάω

prohlédnout si

κοιτάω

plakat

κλαίω

pohladit

χαϊδεύω

česat

χτενίζω

hovořit

μιλάω

rozumět

καταλαβαίνω

ptát se

ρωτάω

slyšet

ακούω

pít

πίνω

jíst

τρώω

uklidit

συγυρίζω

milovat

αγαπάω

vařit

μαγειρεύω

jet

οδηγώ

letět

πετάω

plachtit

κάνω ιστιοπλοΐα

počítat

υπολογίζω

číst

διαβάζω

učit se

μαθαίνω

pracovat

δουλεύω

vzít si

παντρεύομαι

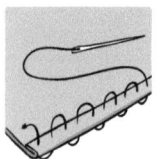

šít

ράβω

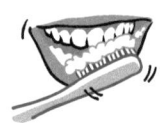

čistit si zuby

βουρτσίζω τα δόντια

zabít

σκοτώνω

kouřit

καπνίζω

poslat

στέλνω

rodina
οικογένεια

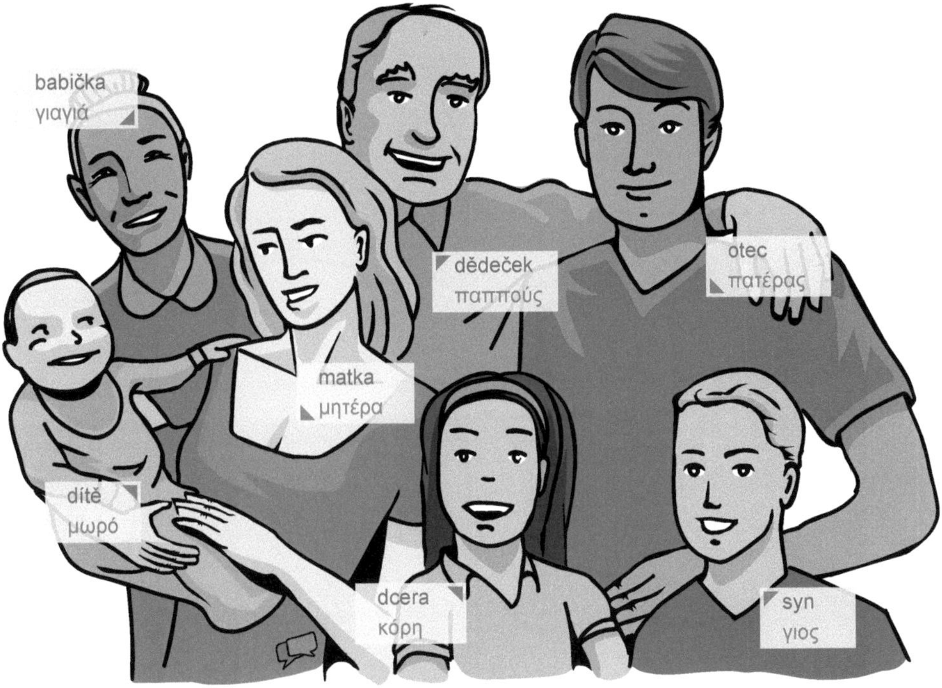
babička
γιαγιά
dědeček
παππούς
otec
πατέρας
matka
μητέρα
dítě
μωρό
dcera
κόρη
syn
γιος

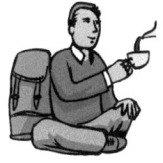

host
....
καλεσμένος

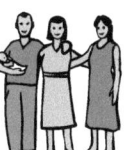

teta
....
θεία

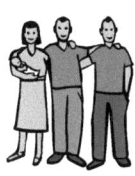

strýc
....
θείος

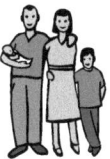

bratr
....
αδελφός

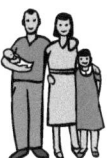

sestra
....
αδελφή

tělo

σώμα

čelo
μέτωπο
oko
μάτι
rameno
ώμος
prst
δάχτυλο
obličej
πρόσωπο
brada
πιγούνι
ruka
χέρι
hruď
στήθος
dolní končetina
πόδι
paže
βραχίονας

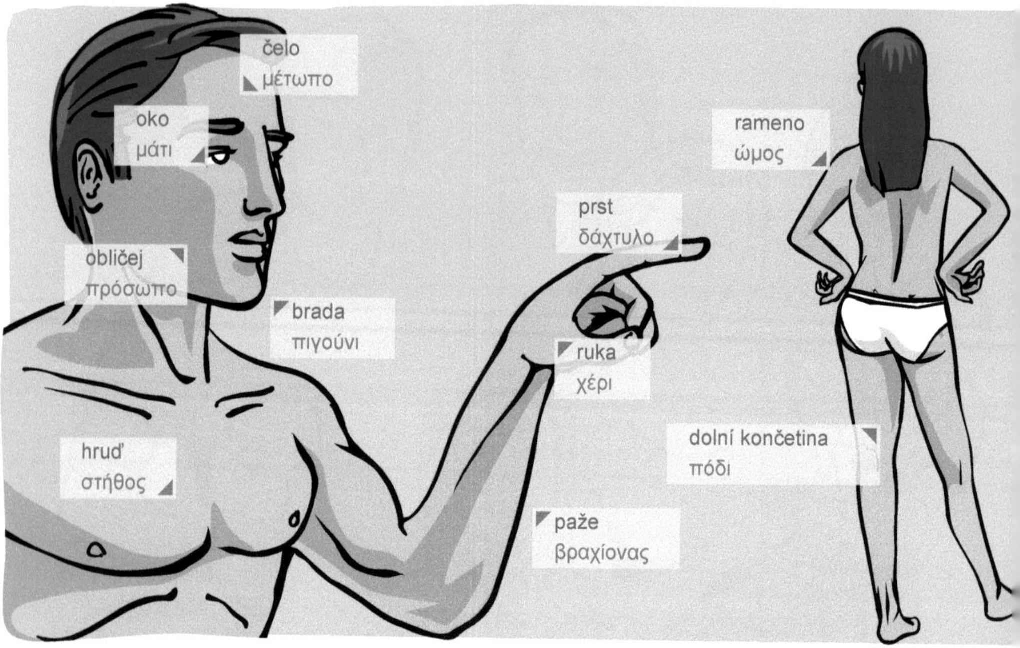

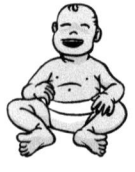

dítě

μωρό

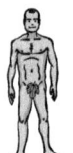

muž

άνδρας

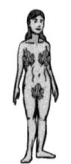

žena

γυναίκα

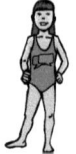

dívka

κορίτσι

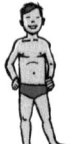

chlapec

αγόρι

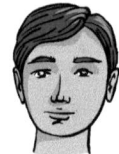

hlava

κεφάλι

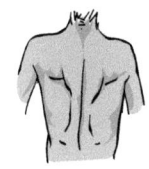

záda
πλάτη

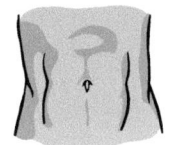

břicho
κοιλιά

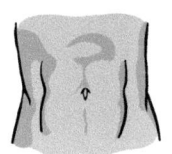

pupík
αφαλός

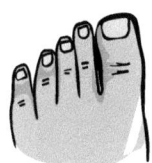

prst na noze
δάχτυλο ποδιού

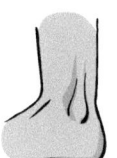

pata
φτέρνα

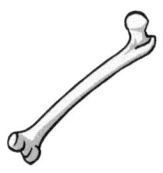

kost
κόκκαλο

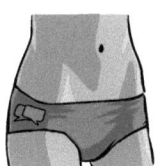

bok
γοφός

koleno
γόνατο

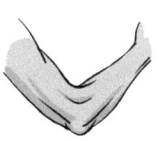

loket
αγκώνας

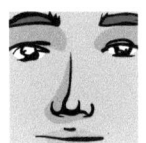

nos
μύτη

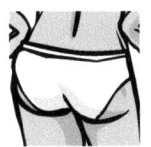

zadek
γλουτός

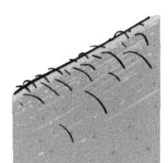

kůže
δέρμα

tvář
μάγουλο

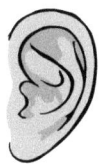

ucho
αυτί

ret
χείλος

tělo - σώμα

ústa

στόμα

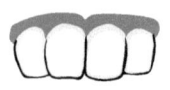

zub

δόντι

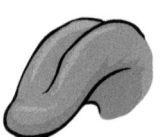

jazyk

γλώσσα

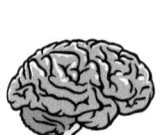

mozek

εγκέφαλος

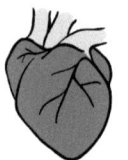

srdce

καρδιά

sval

μυς

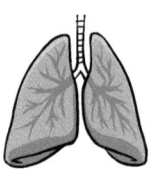

plíce

πνεύμονας

játra

συκώτι

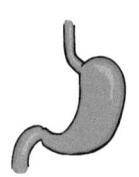

žaludek

στομάχι

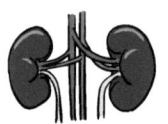

ledviny

νεφρά

pohlavní styk

σεξουαλική επαφή

kondom

προφυλακτικό

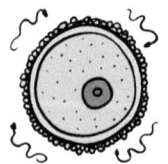

vajíčko

ωάριο

sperma

σπέρμα

těhotenství

εγκυμοσύνη

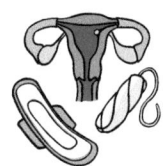

menstruace
περίοδος

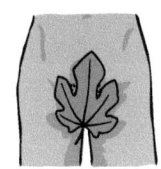

vagina
γυναικείος κόλπος

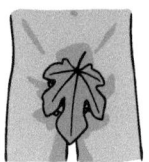

penis
πέος

obočí
φρύδι

vlasy
μαλλιά

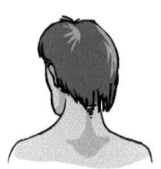

krk
λαιμός

nemocnice
νοσοκομείο

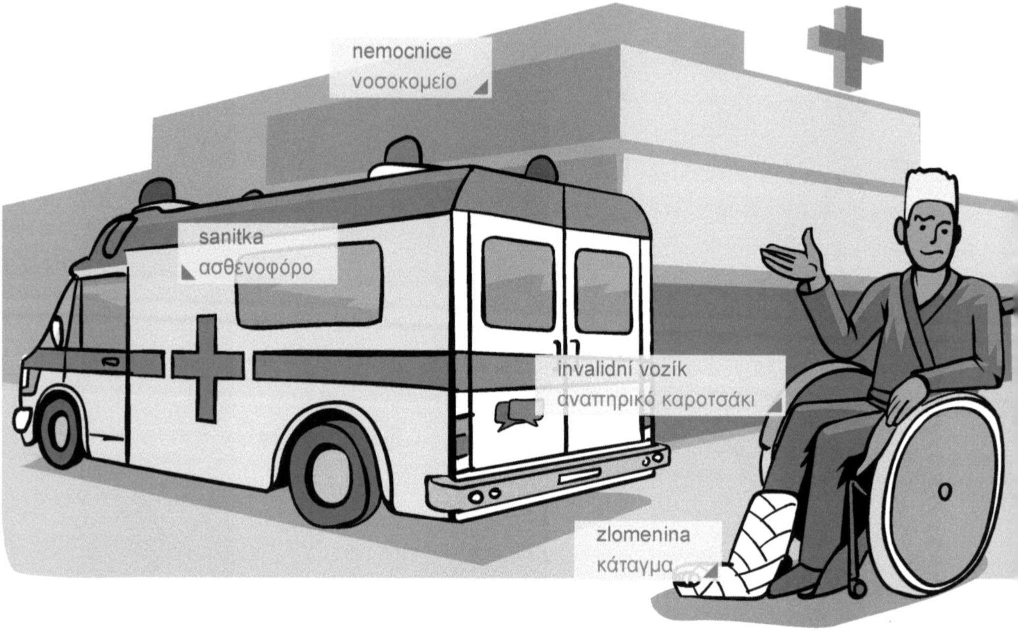

nemocnice
νοσοκομείο
sanitka
ασθενοφόρο
invalidní vozík
αναπηρικό καροτσάκι
zlomenina
κάταγμα

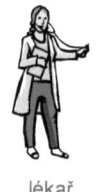

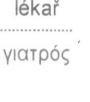

lékař

γιατρός

pohotovost

μονάδα εντατικής θεραπείας

zdravotní sestra

νοσοκόμα

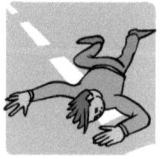

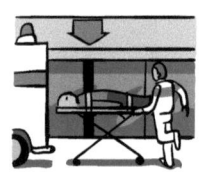

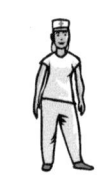

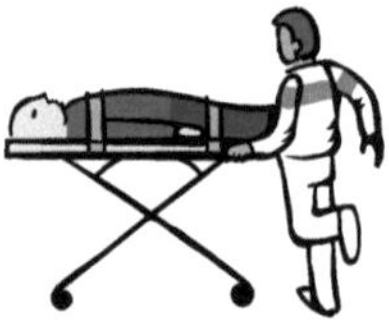

urgentní případ

έκτακτη ανάγκη

v bezvědomí

λιπόθυμος

bolest

πόνος

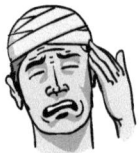

úraz

τραύμα

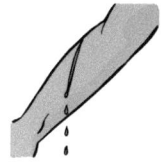

krvácení

αιμορραγία

infarkt myokardu

έμφραγμα

cévní mozková příhoda

εγκεφαλικό

alergie

αλλεργία

kašel

βήχας

horečka

πυρετός

chřipka

γρίπη

průjem

διάρροια

bolest hlavy

πονοκέφαλος

rakovina

καρκίνος

cukrovka

διαβήτης

chirurg

χειρουργός

skalpel

νυστέρι

operace

εγχείρηση

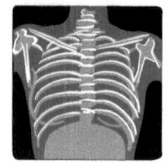

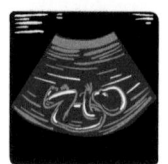

CT | rentgen | ultrazvuk
αξονική τομογραφία | ακτινογραφία | υπέρηχος

maska | nemoc | čekárna
μάσκα | ασθένεια | αίθουσα αναμονής

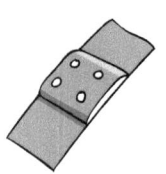

berle | náplast | obvaz
πατερίτσα | χάνσαπλαστ | επίδεσμος

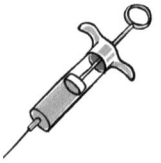

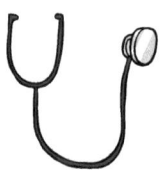

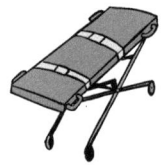

injekce | stetoskop | nosítka
ένεση | στηθοσκόπιο | φορείο

teploměr | porod | nadváha
θερμόμετρο | γέννηση | υπέρβαρο

naslouchátko

ακουστικό βαρηκοΐας

dezinfekční prostředek

αντισηπτικό

infekce

λοίμωξη

virus

ιός

HIV / AIDS

HIV/AIDS

lékařství

φάρμακο

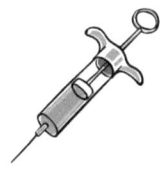

očkování

εμβολιασμός

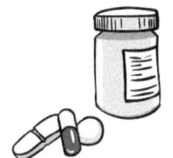

tablety

δισκία

pilulka

χάπι

tísňové volání

κλήση έκτακτης ανάγκης

tonometr

πιεσόμετρο αίματος

nemocný / zdravý

άρρωστος / υγιής

Pomoc!	poplach	přepadení
Βοήθεια!	συναγερμός	βιαιοπραγία
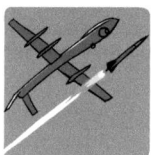		
napadení	nebezpečí	nouzový východ
επίθεση	κίνδυνος	έξοδος κινδύνου

Hoří!	hasicí přístroj	nehoda
Φωτιά!	πυροσβεστήρας	ατύχημα
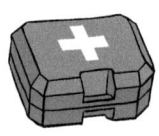		
zdravotnická brašna	SOS	policie
κουτί πρώτων βοηθειών	SOS	αστυνομία

Evropa

Ευρώπη

Severní Amerika

Βόρεια Αμερική

Jižní Amerika

Νότια Αμερική

Afrika

Αφρική

Asie

Ασία

Austrálie

Αυστραλία

Atlantik

Ατλαντικός Ωκεανός

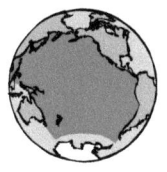

Pacifik

Ειρηνικός Ωκεανός

Indický oceán

Ινδικός Ωκεανός

Jižní ledový oceán

Ανταρκτικός Ωκεανός

Severní ledový oceán

Αρκτικός Ωκεανός

severní pól

Βόρειος Πόλος

jižní pól

Νότιος Πόλος

Antarktida

Ανταρκτική

země

Γη

pevnina

γη

moře

θάλασσα

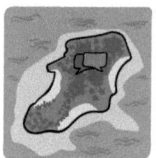

ostrov

νησί

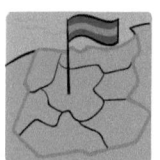

národ

έθνος

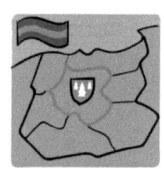

stát

πολιτεία

ciferník

καντράν ρολογιού

hodinová ručička

ωροδείκτης

minutová ručička

λεπτοδείκτης

vteřinová ručička

δείκτης δευτερολέπτων

Kolik je hodin?

Τι ώρα είναι;

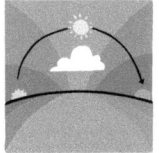

den

ημέρα

čas

χρόνος

teď

τώρα

digitální hodinky

ψηφιακό ρολόι

minuta

λεπτό

hodina

ώρα

týden
εβδομάδα

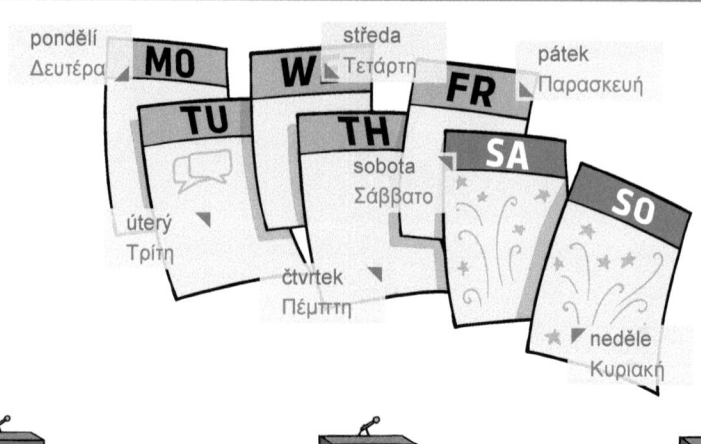

pondělí Δευτέρα
středa Τετάρτη
pátek Παρασκευή
úterý Τρίτη
čtvrtek Πέμπτη
sobota Σάββατο
neděle Κυριακή

včera
χθες

dnes
σήμερα

zítra
αύριο

ráno
πρωί

poledne
μεσημέρι

večer
βράδυ

pracovní dny
εργάσιμες ημέρες

víkend
Σαββατοκύριακο

déšť
βροχή

duha
ουράνιο τόξο

vítr
άνεμος

sníh
χιόνι

jaro
άνοιξη

léto
καλοκαίρι

podzim
φθινόπωρο

zima
χειμώνας

4.APRIL	11°
5.APRIL	4°
6.APRIL	13°
7.APRIL	8°
8.APRIL	10°

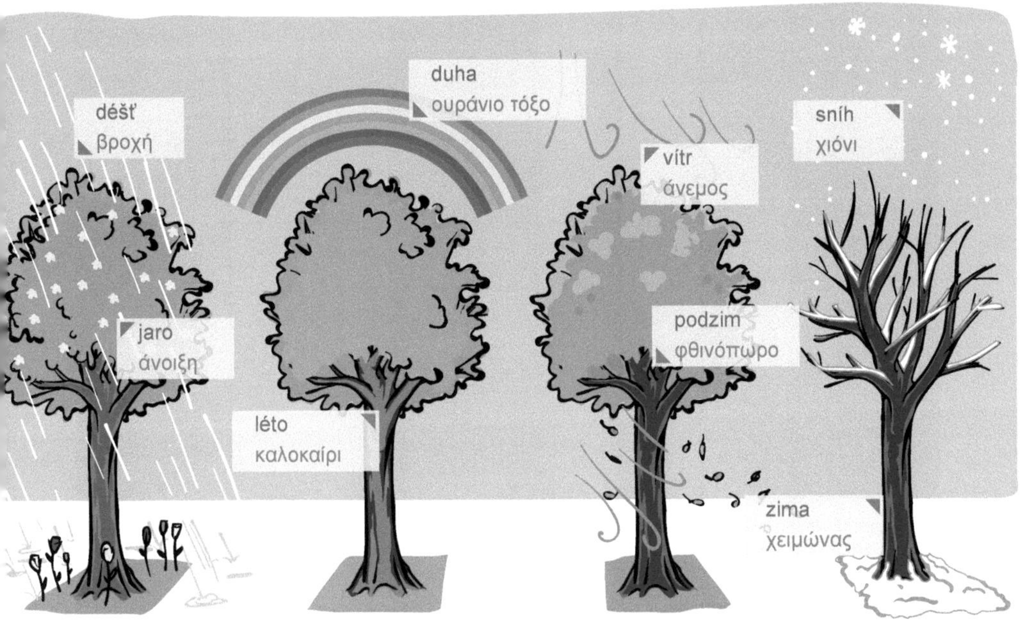

předpověď počasí
πρόγνωση καιρού

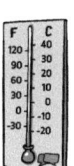

teploměr
θερμόμετρο

sluneční svit
λιακάδα

mrak
σύννεφο

mlha
ομίχλη

vlhkost
υγρασία

blesk

αστραπή

hrom

κεραυνός

bouřka

καταιγίδα

kroupy

χαλάζι

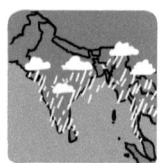

monzun

μουσώνας

povodeň

πλημμύρα

led

πάγος

leden

Ιανουάριος

únor

Φεβρουάριος

březen

Μάρτιος

duben

Απρίλιος

květen

Μάιος

červen

Ιούνιος

červenec

Ιούλιος

srpen

Αύγουστος

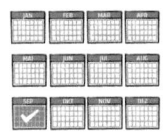

zář í

Σεπτέμβριος

říjen

Οκτώβριος

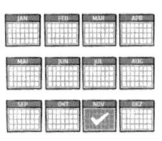

listopad

Νοέμβριος

prosinec

Δεκέμβριος

tvary
σχήματα

kruh

κύκλος

čtverec

τετράγωνο

obdélník

ορθογώνιο
παραλληλόγραμμο

trojúhelník

τρίγωνο

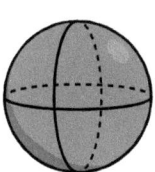

koule

σφαίρα

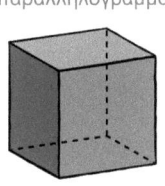

krychle

κύβος

bílá
....
άσπρο

žlutá
....
κίτρινο

oranžová
....
πορτοκαλί

růžová
....
ροζ

červená
....
κόκκινο

fialová
....
μωβ

modrá
....
μπλε

zelená
....
πράσινο

hnědá
....
καφέ

šedá
....
γκρι

černá
....
μαύρο

hodně / málo

πολύ / λίγο

rozzuřený / mírumilovný

θυμωμένος / ήρεμος

krásný / ošklivý

όμορφος / άσχημος

začátek / konec

αρχή / τέλος

velký / malý

μεγάλος / μικρός

světlý / tmavý

φωτεινός / σκοτεινός

bratr / sestra

αδελφός / αδελφή

čistý / špinavý

καθαρός / λερωμένος

úplný / neúplný

πλήρης / ατελής

den / noc

ημέρα / νύχτα

mrtvý / živý

νεκρός / ζωντανός

široký / úzký

φαρδύς / στενός

jedlý / nejedlý

βρώσιμος / μη βρώσιμος

zlý / hodný

κακός / ευγενικός

vzrušený / znuděný

ενθουσιασμένος /
βαριεστημένος

tlustý / hubený

παχύς / λεπτός

nejdříve / naposledy

πρώτος / τελευταίος

přítel / nepřítel

φίλος / εχθρός

plný / prázdný

γεμάτος / άδειος

tvrdý / měkký

σκληρός / μαλακός

těžký / lehký

βαρύς / ελαφρύς

hlad / žízeň

πείνα / δίψα

nemocný / zdravý

άρρωστος / υγιής

ilegální / legální

παράνομος / νόμιμος

inteligentní / hloupý

έξυπνος / χαζός

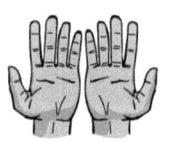

vlevo / vpravo

αριστερύς / δεξιύς

blízko / daleko

κοντινός / μακρινός

nový / použitý

καινούριος /
μεταχειρισμένος

nic / něco

τίποτα / κάτι

starý / mladý

γέρος | νέος

zapnutý / vypnutý

αναμμένος / σβηστός

otevřeno / zavřeno

ανοιχτός / κλειστός

tichý / hlasitý

χαμηλόφωνος /
μεγαλόφωνος

bohatý / chudý

πλούσιος / φτωχός

správný / špatný

σωστός / λανθασμένος

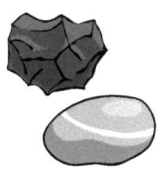

drsný / hladký

τραχύς / λείος

smutný / šťastný

λυπημένος / χαρούμενος

krátký / dlouhý

κοντός / μακρύς

pomalý / rychlý

αργός / γρήγορος

vlhký / suchý

υγρός / στεγνός

teplý / chladný

ζεστός / δροσερός

válka / mír

πόλεμος / ειρήνη

0

nula

μηδέν

1

jedna

ένα

2

dva

δύο

3

tři

τρία

4

čtyři

τέσσερα

5

pět

πέντε

6

šest

έξι

7

sedm

εφτά

8

osm

οκτώ

9

devět

εννιά

10

deset

δέκα

11

jedenáct

έντεκα

12

dvanáct
δώδεκα

13

třináct
δεκατρία

14

čtrnáct
δεκατέσσερα

15

patnáct
δεκαπέντε

16

šestnáct
δεκαέξι

17

sedmnáct
δεκαεφτά

18

osmnáct
δεκαοκτώ

19

devatenáct
δεκαεννέα

20

dvacet
είκοσι

100

sto
εκατό

1.000

tisíc
χίλια

1.000.000

milion
εκατομμύριο

angličtina

Αγγλικά

americká angličtina

Αμερικάνικα Αγγλικά

standardní čínština

Μανδαρίνικα Κινέζικα

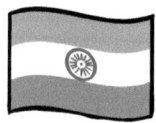

hindština

Χίντι

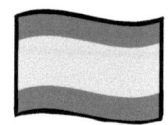

španělština

Ισπανικά

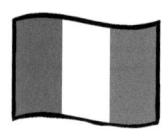

francouzština

Γαλλικά

arabština

Αραβικά

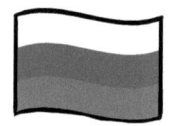

ruština

Ρώσικα

portugalština

Πορτογαλικά

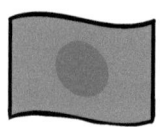

bengálština

Μπενγκάλι

němčina

Γερμανικά

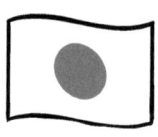

japonština

Ιαπωνικά

já
εγώ

ty
εσύ

on / ona / ono
αυτός / αυτή / αυτό

my
εμείς

vy
εσείς

oni
αυτοί / αυτές / αυτά

Kdo?
ποιος / ποια / ποιο;

Co?
τι;

Jak?
πώς;

Kde?
πού;

Kdy?
πότε;

jméno
όνομα

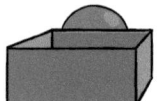

za
πίσω

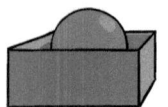

do
μέσα

z
μπροστά

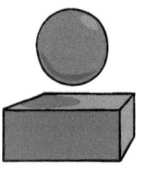

nad
πάνω από

na
πάνω

mezi
κάτω

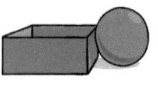

vedle
δίπλα

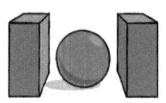

mezi
ανάμεσα

místo
μέρος